Résumé automatique de textes arabes basé sur une approche symbolique

Iskandar Keskes

Résumé automatique de textes arabes basé sur une approche symbolique

La théorie de la structure rhétorique (RST)

Éditions universitaires européennes

Mentions légales / Imprint (applicable pour l'Allemagne seulement / only for Germany)
Information bibliographique publiée par la Deutsche Nationalbibliothek: La Deutsche Nationalbibliothek inscrit cette publication à la Deutsche Nationalbibliografie; des données bibliographiques détaillées sont disponibles sur internet à l'adresse http://dnb.d-nb.de.
Toutes marques et noms de produits mentionnés dans ce livre demeurent sous la protection des marques, des marques déposées et des brevets, et sont des marques ou des marques déposées de leurs détenteurs respectifs. L'utilisation des marques, noms de produits, noms communs, noms commerciaux, descriptions de produits, etc, même sans qu'ils soient mentionnés de façon particulière dans ce livre ne signifie en aucune façon que ces noms peuvent être utilisés sans restriction à l'égard de la législation pour la protection des marques et des marques déposées et pourraient donc être utilisés par quiconque.

Photo de la couverture: www.ingimage.com

Editeur: Éditions universitaires européennes est une marque déposée de
Südwestdeutscher Verlag für Hochschulschriften GmbH & Co. KG
Dudweiler Landstr. 99, 66123 Sarrebruck, Allemagne
Téléphone +49 681 37 20 271-1, Fax +49 681 37 20 271-0
Email: info@editions-ue.com

Produit en Allemagne:
Schaltungsdienst Lange o.H.G., Berlin
Books on Demand GmbH, Norderstedt
Reha GmbH, Saarbrücken
Amazon Distribution GmbH, Leipzig
ISBN: 978-3-8417-8023-2

Imprint (only for USA, GB)
Bibliographic information published by the Deutsche Nationalbibliothek: The Deutsche Nationalbibliothek lists this publication in the Deutsche Nationalbibliografie; detailed bibliographic data are available in the Internet at http://dnb.d-nb.de.
Any brand names and product names mentioned in this book are subject to trademark, brand or patent protection and are trademarks or registered trademarks of their respective holders. The use of brand names, product names, common names, trade names, product descriptions etc. even without a particular marking in this works is in no way to be construed to mean that such names may be regarded as unrestricted in respect of trademark and brand protection legislation and could thus be used by anyone.

Cover image: www.ingimage.com

Publisher: Éditions universitaires européennes is an imprint of the publishing house
Südwestdeutscher Verlag für Hochschulschriften GmbH & Co. KG
Dudweiler Landstr. 99, 66123 Saarbrücken, Germany
Phone +49 681 3720-310, Fax +49 681 3720-3109
Email: info@editions-ue.com

Printed in the U.S.A.
Printed in the U.K. by (see last page)
ISBN: 978-3-8417-8023-2

Dédicaces

J'ai le plaisir de dédier ce modeste travail

A mes parents

On ne choisit pas sa famille mais j'ai eu de la chance de vous avoir non seulement comme parents mais aussi comme amis.

Vous n'avez jamais cessé de dire que vous étés fiers de moi mais en réalité c'est moi qui ai eu l'honneur d'avoir des parents si compréhensifs, si généreux et si modernes.

Pour votre aide, vos encouragements et vos conseils précieux.

Que ce travail soit l'expression de ma sincère reconnaissance et le témoignage de ma profonde gratitude.

A mon frère Bilel

Pour ton aide, pour tes conseils prodigieux, et pour les sacrifices que tu n'as jamais cessé de les faire.

Je te dédie ce travail en témoignage de mon respect et mon profond amour.

A mon frère Mohamed Amin

Pour tes encouragements et tes conseils, pour tes précieuses interventions et la joie que tu m'as donnée.

Je te dédie ce travail pour exprimer toute ma reconnaissance et tous mes remerciements.

A ma sœur Rania

A celle qui m'a toujours accompagné, a ma meilleure amie, a mon collègue et ma sœur Rania.

J'ai eu une grande chance de t'avoir toujours à mes cotés.

Je suis et je serais reconnaissante pour tout l'aide et l'amour que tu m'as donné.

Tu as toujours su me donner sans cesse et j'espère avoir été à la hauteur de tout ce que tu as fait pour réaliser mon bonheur.

Que ce travail soit l'expression de mon grand amour et mon hommage.

A mes tantes Fadhila et Fathia

Pour vos encouragements, vos aides et vos conseils.

Je vous dédie ce travail en témoignage de mon profond amour et ma sincère reconnaissance pour tous les sacrifices que vous n'avez pas hésité à faire.

A tous mes fidèles amis

Pour leurs amours, leurs soutiens et leurs aides.

Je vous dédie ce travail pour exprimer toutes mes reconnaissances.

Iskandar

Remerciements

Je tiens à remercier vivement les personnes sans le concours desquels ce travail n'aurait pu aboutir.

Mme Lamia Belguith Hadrich, pour la qualité de son encadrement, la pertinence de ses directives, ses précieux conseils et sa générosité. J'ai eu l'honneur de travailler avec une personne dont la gentillesse, la modestie et la bonne humeur ont facilité le déroulement de mon travail.

Mr Mohamed Hédi Mâaloul, pour ses encouragements, ses judicieuses remarques et son aide qui m'a été très bénéfique, ses conseils inestimables, ses encouragements incessants et ses contributions efficaces qui m'ont permis d'aller au-delà de mes ambitions initiales.

Les membres du jury pour avoir accepté de juger et d'enrichir ce travail.

Les linguistes Mr Tijeni Gmati et Mme Ahlem Abdelhédi, qui ont accepté de résumer les textes de notre corpus et de discuter certains points sur la segmentation, les relations rhétoriques et les règles rhétoriques de textes arabes.

Tous les jeunes chercheurs du laboratoire MIRACL, en particulier messieurs Younès Bahou, Mohamed Mahdi Boudabous, Ahmad Derbel, Issal Sahnoun et Bacem Sdiri avec qui j'ai eu de nombreuses discussions qui m'ont permis d'enrichir certains points de mon travail.

Les étudiants en mastère Ines Boujelben, Imen Bouaziz, Hela Marwen et Amal Bouaziz qui n'ont pas cessé de me prodiguer des conseils et des recommandations tout au long de ce travail.

Je tiens à exprimer tous mes sentiments de respect, de gratitude et de reconnaissance les plus distingués à tous mes enseignants de la Faculté des Sciences Economiques et de Gestion de Sfax.

J'adresse mes sincères remerciements pour toutes les personnes qui m'ont soutenu et aidé à élaborer ce travail.

SOMMAIRE

Liste des tableaux

Liste des figures

Introduction générale

Le Résumé Automatique (RA) du texte porte sur le processus de réduction d'un ou de plusieurs textes pour avoir un résumé. Ce dernier condense l'information la plus pertinente d'un certain besoin d'information, en concaténant des fragments du texte original ou en identifiant les principaux concepts et de générer un nouveau texte, tout cela par le biais de techniques pour le Traitement Automatique du Langage Naturel (TALN). Mais comment faire pour qu'un ordinateur puisse calculer le contenu essentiel d'un document et l'exprimer sous la forme d'un nouveau texte cohésif et cohérent ? C'est la problématique du résumé automatique abordée dans ce mémoire. Produire des résumés est une tâche difficile, car elle nécessite des connaissances linguistiques qui ne sont pas faciles à incorporer dans des systèmes automatiques.

La linguistique computationnelle a depuis longtemps fait remarquer que le texte n'est pas une simple série de clauses et de phrases, mais plutôt une structure très élaborée.

Toutefois, une théorie formelle du texte, qui peut être facilement mise en œuvre dans les systèmes informatiques, est encore à développer. En fait, l'absence d'une telle théorie est reflétée par les systèmes de la langue naturelle: la plupart des processus de texte se basent sur une méthodologie phrase par phrase.

Le résumé automatique de textes est un domaine de recherche qui a suscité l'intérêt de nombreux chercheurs à travers les années. En effet, il peut contribuer à une meilleure compréhension de la façon dont les gens produisent et comprennent la langue, car il peut résoudre les besoins croissants d'information de synthèse dans notre société.
Le résumé automatique suppose un défi pour les capacités actuelles du TALN et il aborde des questions non résolues sur la base des aspects linguistiques et sémiotiques des textes et sur la faculté du langage humain en général.

RA est l'une des applications de la TALN qui ont pour but de servir d'interface entre les besoins d'information des personnes et l'énorme quantité d'informations à la disposition du public, en particulier sur le World Wide Web. Beaucoup de techniques ont été développées pour résoudre ce problème: la recherche d'information, la condensation de l'information, la synthèse des informations, et, bien sûr, le RA. Il est souvent difficile d'établir une distinction claire entre ces différentes applications, et ils ont tendance à fusionner: RA a été traité comme une sorte de complexe question/réponse (DUC, 2005) ou il a été utilisé comme une aide à la recherche de documents structurés. Un point de vue théorique, comme nous pouvons le considérer comme une méthode expérimentale pour étudier la pertinence des propositions théoriques de la façon dont les gens produisent et comprennent des textes. Si nous supposons que les gens résument des textes fondés sur une certaine représentation de leur organisation (Kintsch et van Dijk, 1983 ; Sanders et Spooren, 2001), la performance d'une procédure systématique telle que la représentation contribue à valider des hypothèses sur l'organisation du texte. En effet, certaines théories linguistiques de l'organisation du texte (Grosz et Sidner 1986 ; Mann et Thompson, 1988 ; Polanyi, 1988) ont été appliquées pour représenter les textes de base pour que les systèmes de RA puissent produire des résumés. De nombreux efforts lui sont consacrés, mais le problème de résumer des textes est encore loin d'être résolu.

D'une part, il semble que les capacités des systèmes de TALN sont insuffisantes pour fournir des résumés de textes qui sont comparables à des synthèses produites par les humains. Cet objectif ne semble pas exiger la capacité de compréhension et de génération qui est bien au-delà de ce qui peut être réalisé avec l'état de l'art actuel, des outils et des ressources.

D'autre part, l'ensemble du processus de résumé n'est pas encore clair. Le processus de calcul de résumé de textes a été divisé en deux grandes étapes: l'analyse de la saisie du texte et la production d'un résumé, mais il n'est pas clair comment l'une de ces deux mesures devraient être prises en compte. L'une des principales raisons est le fait que la qualité de différents résumés pour un texte ne peut pas être correctement évaluée.

La tâche de résumé semble être intrinsèquement interprétée dans le sens où différentes personnes produisent généralement des résumés très différents pour un texte donné, et de juger la qualité des RA aussi très différemment.

Cependant la situation n'est pas désespérée. L'objectif de base de la plupart des techniques actuelles de synthèse consiste à identifier les unités ou segments dans un texte source, et de trouver celles qui sont plus pertinentes pour satisfaire un besoin d'information, qui constituent le résumé (Keskes et al., 2010a). Certaines techniques sont bien utiles pour déterminer la pertinence du contenu des unités ; par exemple, des techniques basées sur la fréquence des mots ou sur la position des unités au sein d'une structure du texte, ou ceux qui exploitent la présence de certains mots indices. En revanche, la contribution des techniques plus sophistiquées, comme la rhétorique ou un modèle d'analyse conduit reste à évaluer.

Ce mémoire aborde le problème du RA à partir d'une perspective linguistique. Il a pour objectif de proposer une méthode pour le résumé de documents simples en langue arabe. Il s'agit d'une méthode qui se base sur la technique de la structure rhétorique (RST).

Le présent rapport est structuré en quatre chapitres. Le premier chapitre présente un état de l'art sur les approches de résumé automatique. Le deuxième chapitre expose la méthode proposée pour le résumé automatique de textes arabes. Le troisième chapitre présente la conception et la réalisation du système ARSTResume et enfin, le quatrième chapitre expose l'évaluation de ce système.

Chapitre 1 : Etat de l'art sur les approches de résumé automatique

1. Introduction

Les grandes entreprises, les grandes administrations (Ministères, services publics...), les laboratoires et services de développement sont confrontés à un défi : gérer la masse des documents textuels saisis sur des supports électroniques. Comment les classer ? Comment les stocker pour y retrouver rapidement les informations qu'ils contiennent ? Comment diffuser ces informations à ceux qui sauront les utiliser ? Comment filtrer une information pertinente parmi toutes les informations contenues dans les documents stockés ? Toutefois, une information est jugée pertinente pour l'un ne l'est pas nécessairement pour un autre. De ce fait, il est intéressant d'offrir des outils informatiques de visualisation rapide des textes, comme par exemple des résumés automatiques afin que l'utilisateur puisse de consulter le contenu essentiel d'un document. Un résumé est un texte concis qui rend compte du contenu "essentiel" d'un autre texte, dit texte source (Saggion, 2002).

Ainsi, au cours des trente dernières années, ce sujet de recherche est couramment mentionné dans les thèmes retenus pour les grandes conférences en Traitement Automatique des Langues Naturelles (TALN) ou en Recherche d'Information (RI).

Différentes méthodes ont été développées afin de produire automatiquement un résumé à partir d'un texte d'origine (Minel, 2002). Ces méthodes peuvent être classées en deux groupes: l'approche *numérique* fondées sur les techniques à base des scores/poids, et l'approche *symbolique* fondées sur les techniques purement linguistiques à base d'une étude sémantique.

Les techniques statistiques fondées sur des fréquences d'occurrences et de cooccurrences (Salton, 1983) ont été largement utilisées, avec des résultats mitigés, du point de vue des utilisateurs. Il apparaît de plus en plus qu'il faut arriver à maîtriser RA par filtrage sémantique tous les mots n'ont pas la même pertinence informationnelle, une expression peu utilisée dans un document (un hapax par exemple) peut être un indicateur pertinent pour la veille technologique et les mesures d'innovation. C'est pourquoi, depuis quelques années, un certain nombre de modèles exploitent des connaissances ou des ressources linguistiques. Ainsi, les modèles de (Miike, 1994 ; Marcu, 1997) s'appuient sur la « Rhetorical Structure Theory » (Mann et Thompson, 1988) et sur l'analyse des connecteurs pour construire des arbres rhétoriques qui hiérarchisent l'importance des parties textuelles. De leur côté, (Paice, 1981), (Lehmam, 1995) et (Teufel, 1997) repèrent des fragments textuels sur la base de scores calculés pour chaque phrase, en fonction de termes préétablis. Quant à Berri (Berri, 1996), il cherche à attribuer des étiquettes sémantiques à certaines phrases, afin de les sélectionner ou non dans un résumé. Masson (Masson, 1998) reconnaît partiellement des structures thématiques dans un texte et Ellouze (Ellouze, 1998) exploite différents types d'objets textuels pour produire des schémas de résumé. Les évaluations réalisées sur certains systèmes (Minel et al., 2000 ; Jing et al., 1998) ainsi que les travaux menés en collaboration avec les résumeurs professionnels (Endres, 1995) ou en comparaison avec les résumés produits par ces professionnels (Saggion et Lapalme, 1998), ont néanmoins montré la difficulté à réaliser des résumés standards, c'est-à-dire construits sans tenir compte des besoins des utilisateurs. En effet, il n'existe pas de critères précis (Spark, 1993) pour déterminer ce que serait un bon résumé. Par exemple, le résumé scolaire, qui vise à tester les capacités de paraphrasage et de synthèse des élèves, n'est pas conçu et organisé de la même façon que le résumé d'auteur.

2. Présentation de l'activité résumante

Le besoin de logiciel de résumé automatique s'est progressivement fait ressentir durant ces dernières décennies et devient à l'heure actuelle de plus en plus pressant sous l'effet de la nécessité de consulter rapidement une masse toujours croissante de documents. En effet, Aborder la lecture de cette masse de documents disponible en format électronique pour chercher une information pertinente est une tâche très difficile, voire impossible. Le résumé permet de faciliter énormément cette tâche afin d'illustrer les idées clés contenues dans le document. Toutefois l'activité résumante été liée au besoin et domaine d'intérêt de l'utilisateur. Ainsi, nous ne produisons pas le même résumé d'un article scientifique si l'on doit adresser ce résumé à la direction générale, au service des brevets pour consultation juridique, au laboratoire de développement, aux services de presse grand public, etc. Les résumés dépendent également des types de textes. Nous ne résumons pas de la même façon un texte narratif, un article scientifique relatif à une science expérimentale, un article d'une science théorique ou d'un domaine spéculatif, des articles juridiques, etc. Il n'y a donc pas de résumé standard qui serait indépendant du besoin des utilisateurs et des types de textes (Blais, 2009).

2.1. Approches symboliques

Depuis environ deux décennies, l'utilisation d'une approche symbolique qui est basée sur une analyse du discours et de sa structure, est imposée. En effet, l'approche purement symbolique se fond généralement sur une représentation formelle des connaissances contenues dans les documents ou bien sur des techniques de reformulation (Sitbon et al., 2007).

De nombreux travaux sur l'analyse de discours sont imposés, en partant de l'idée que la structure et la cohérence d'un texte pouvaient être modélisées au moyen de relations rhétoriques (Hobbs, 1979 ; Grosz & Sidner, 1986 ; Mann & Thompson, 1988 ; Asher, 1993). Ces relations constituent un outillage précieux pour la présentation hiérarchique du texte en connectant et regroupant les phrases entre elles (Keskes et al., 2010b).

L'objet de cette partie est de mettre l'accent sur quelques techniques de l'approche symbolique à savoir : 1) la grammaire de Montague – MG 2) la Théorie de la Structure Rhétorique – RST (*Rhetorical Structure Theory*), 3) la Théorie des Représentations Discursives – DRT (*Discourse Representation Theory*), 4) la Théorie des Représentations Discursives Segmentées – SDRT (*Segmented Discourse Representation Theory*) et 5) la technique de l'Exploration Contextuelle – EC.

2.1.1. La grammaire de Montague (MG)

La sémantique formelle a pour objectif de décrire la sémantique des langues naturelles dans le cadre de la théorie des modèles. Cette approche distingue d'une part entre le sens des expressions linguistiques, et d'autre part, la structure de l'ensemble des entités désignées (un modèle). De ce point de vue, déterminer la signification d'une phrase P d'une langue revient à établir les conditions de vérité de P dans l'ensemble des mondes possibles. C'est en ce sens que nous parlons de sémantique vériconditionnelle. Cette méthode a été introduite par Richard Montague (Montague, 1973) pour analyser un fragment de l'anglais. Un des principes gouvernant la Grammaire de Montague (MG) est celui de compositionnalité: à chaque règle syntaxique correspond une règle sémantique. Le principe de compositionnalité chez Montague est un concept mathématique représentant les structures syntaxiques et l'espace des valeurs sémantiques comme des algèbres et l'interprétation sémantique comme un homomorphisme. L'analyse montagovienne procède de la façon suivante: chaque phrase en langue naturelle est traduite en une formule d'une logique intensionnelle typée, toujours selon le parallélisme entre la syntaxe et la sémantique (Gamut, 1991). Cette représentation logique ou forme logique de la phrase est ensuite évaluée dans l'ensemble des mondes possibles.

La MG se heurtait à certains problèmes d'interprétation des pronoms au-delà des limites de la phrase, et en particulier, au problème des relations anaphoriques entre les pronoms et les descriptions définies. Pour cette raison, au début des années 80, certains travaux ont cherché des voies alternatives à l'approche montagovienne, parmi lesquelles nous trouvons la sémantique des changements de fichiers (File Change Semantics) et la théorie des représentations discursives (DRT). D'autres limitations de la MG ont conduit au développement en parallèle, notamment, de la grammaire catégorielle flexible (Flexible Categorial Grammar, pour certaines constructions syntaxiques complexes), de la théorie des propriétés (Property Theory, pour les paradoxes de l'auto-référence), et de la sémantique des situations (Situation sémantiques, pour l'interprétation partielle).

2.1.2. Théorie de la structure rhétorique (RST)

2.1.2.1.   Présentation

Cette technique repose sur une analyse rhétorique, c'est-à-dire une vision linguistique de la structuration des textes, afin de détecter les relations sémantiques et les relations intentionnelles qui existent entre les segments d'un document. En effet, cette analyse rhétorique a comme but d'établir les relations et les dépendances ainsi que l'importance relative des phrases ou propositions les unes par rapport aux autres (Teufel, 1998).

En 1988, Mann et Thompson ont réalisé une étude analytique et ils ont pu déduire, suite à leur observation empirique, qu'il est possible d'analyser la majorité des types des textes (à savoir les textes : narratif, descriptif, argumentatif,...) en termes d'arbre hiérarchique des relations rhétoriques qui existent entre les unités minimales[1] d'un document.

Les résultats de cette étude empirique, ont permis à ces deux chercheurs de définir une théorie descriptive et fonctionnelle sur l'organisation des textes qu'ils ont nommé la RST (Théorie des Structures Rhétoriques).

Ainsi, les auteurs de cette théorie ont défini une vingtaine de relations rhétoriques permettant de lier deux unités minimales adjacentes entre elles, dont l'une possède le statut de

---

[1] Les auteurs de la RST définissent les unités minimales comme des unités fonctionnellement indépendantes : elles correspondent généralement aux propositions (Christophe, 2001).

noyau – segment de texte primordial pour la cohérence – et l'autre a le statut *noyau* ou *satellite* – segment optionnel (Christophe, 2001).

Le tableau suivant présente quelques relations rhétoriques repérées par Mann et Thompson et enrichies par Marcu.

Relations rhétoriques	Analogie / Analogy
	Antithèse/ Antithesis
	Attribution/ Attribution
	Fond/ Background
	Cause/ Cause
	Circonstance/ Circumstance
	Comparaison/ Comparison
	Commentaire/ Comment
	Concession/ Concession
	Conclusion/ Conclusion
	Condition/ Condition
	Consequence/ Consequence
	Éventualité/ Contingency
	Contraste/ Contrast
	Definition/ Definition
	Disjunction/ Disjunction
	Enablement/ Enablement
	Evaluation/ Evaluation
	Evidence/ Evidence
	Exemple/ Example
	Liste/ List
	Ordre/ Sequence

Tableau 1.1: Relations rhétoriques (Mann et Thompson, 1988) (Marcu, 2000)

2.1.2.2.   Description détaillée de la théorie RST

Le but de cette théorie consiste en premier lieu à segmenter le texte en unités minimales. Ensuite, de détecter les relations rhétoriques qui existent entre les différentes unités minimales adjacentes d'un texte.

La détermination des différentes relations rhétoriques implique la détection des différentes unités *noyaux* et *satellites* du texte, et la création de tous les arbres rhétoriques possibles. Ces arbres rhétoriques subiront par la suite une sélection afin de sélectionner celui jugé le plus descriptif du texte.

Le schéma suivant illustre le principe de base de cette théorie:

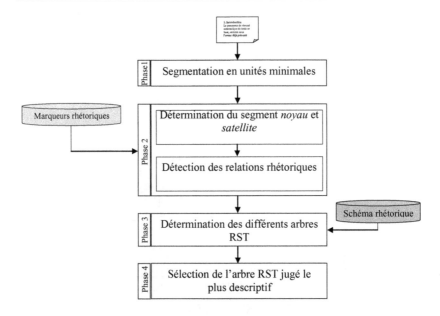

Figure 1.1: Architecture de la théorie RST

Comme le montre la figure 1.1, les méthodes reposant sur cette théorie rhétorique utilisent quatre phases. Dans cette section nous décrivons en détails les différentes phases composant la théorie RST.

- **Segmentation en unités minimales**

Pour analyser un texte selon l'RST, nous devons tout d'abord segmenter le document en unités textuelles. Généralement ces unités sont des propositions et représentent les nœuds terminaux de l'arbre RST qui est obtenu à partir de l'application d'un certain nombre de schémas (Laignelet et Rioult, 2009).

Les auteurs de la RST définissent les unités minimales comme des unités fonctionnellement indépendantes : elles correspondent généralement aux propositions (Christophe, 2001).

- **Détermination de la nature du segment et la détection des relations rhétoriques**

Cette phase utilise un ensemble de marqueurs rhétoriques qui ont un double rôle; premièrement la détermination du type des unités minimales (*noyau* ou *satellite*) et deuxièmement les types des relations qui les relient. En effet, les marqueurs rhétoriques sont formés par des signaux linguistiques observés (connecteurs, mots morphèmes, etc.) dans les différentes unités du texte (Al-Saif et al., 2009).

Un marqueur rhétorique est défini par un mot ou un groupement de mots qui déclenche la recherche afin de déterminer la nature des segments et les relations signalées. L'exemple suivant illustre un marqueur rhétorique défini par le marqueur "bien que". Ce marqueur nous a permis de déterminer deux relations possibles {Concession} et {Antithèse}.

Marqueur :	"Bien que"
Relations signalées	{Concession} {Antithèse}
Unité minimale (1)	Noyau
Unité minimale (2)	Satellite

Tableau 1.2: Exemple de marqueur rhétorique

- **Détermination des différents arbres RST**

Une fois la phase de détection des relations rhétoriques et de la nature des segments qui les relient est achevée, un autre élément s'ajoute à cette théorie afin de spécifier la composition structurale du texte, il s'agit des *schémas rhétoriques* (Saggion, 2000). En effet, la construction des arbres RST se fait à partir de l'application d'un certain nombre de schémas. Les *schémas rhétoriques* décrivant l'organisation structurelle d'un texte, quelque soit le niveau hiérarchique de ce dernier, et permettent la schématisation de la relation reliant un *noyau* et un *satellite*, deux ou plusieurs *noyaux* entre eux, et un *noyau* avec plusieurs *satellites* (Christophe, 2001).

Ainsi, les *schémas rhétoriques* se présentent sous la forme de cinq *modèles de schémas* (figure 1.2) qui peuvent être utilisés récursivement pour décrire des textes de taille arbitraire.

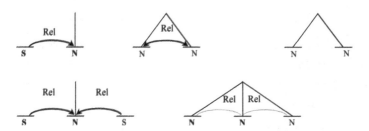

Figure 1.2 : Schéma rhétorique de base RST (Mann et al., 1988)

Selon les études réalisées par Saggion, le schéma le plus fréquent est celui liant un *satellite* unique à un *noyau* unique (Saggion, 2000).

Cette diversification d'arbres vient du fait qu'un marqueur peut signaler plusieurs relations rhétoriques en même temps (tableau 1.2). De ce fait, il est nécessaire de déterminer le maximum de relations afin de les schématiser avec leurs différentes combinaisons possibles.

L'exemple suivant présente l'effet du marqueur "bien que" (qui peut signaler à la fois deux relations rhétoriques différentes) dans la diversification des arbres RST.

Cette diversification nous permet de schématiser la phrase par deux présentations différentes comme nous montre l'exemple suivant.

[(1) Bien que les événements extérieurs ont contribué au marais,] [(2) les principales causes de la crise actuelle sont internes et génériques pour tous les programmes.]

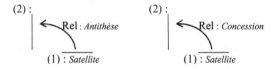

Figure 1.3: Arbres RST possibles

Mann et Thompson ont classé les relations rhétoriques selon deux catégories. Le critère de classement est la nature des segments définie par la relation.

Le but de cette classification est de distinguer entre les relations qui relient des segments dans deux niveaux différents (un segment père (noyau) et les autres fils (satellites)) et les autres relations qui relient des segments dans le même niveau d'arbre (des segments frères).

- La première catégorie relie un noyau et un satellite(s) (exemple : évidence, justification, antithèse, circonstance,…).
- La deuxième catégorie relie les noyaux entre eux (séquence, contraste, joint,…).

Les relations noyau/satellite sont des relations mononucléaires subordonnantes qui subordonnent sur deux niveaux hiérarchiques le noyau aux satellites. Les relations entre noyaux sont des relations multinucléaires coordonnantes qui coordonnent sur le même niveau hiérarchique les noyaux.

Cet exemple nous présente une explication sémantique de la relation rhétorique {Évidence} et une justification de choix du segment essentiel (noyau).

Nom de relation :	{Évidence}
Contrainte **sur le segment** (*noyau*)	celui qui lit (*Lecteur*) ne pourrait pas croire l'information qui est donnée par le premier segment (*noyau*) à un degré satisfaisant
Contrainte **sur le segment** (*satellite*)	(*Lecteur*) croit l'information qui est donnée par le segment (*satellite*) ou le trouvera raisonnable
Contrainte **sur le segment** (*noyau*) **et** **le segment** (*satellite*)	(*Lecteur*) comprend des arguments du segment (*satellite*). Alors (*Lecteur*) croit segment (*noyau*)
L'effet de la relation	la croyance du (*Lecteur*) au segment (*noyau*) est augmentée
L'élément essentiel	segment (*noyau*)

Tableau 1.3 : Effet sémantique de la relation rhétorique {Évidence}

- **Sélection de l'arbre RST jugé le plus descriptif**

Cette phase consiste à choisir parmi les différents arbres déjà définis dans la phase précédente, l'arbre RST jugé le plus descriptif.

Selon Marcu, et suite à ces études empiriques, l'arbre RST le descriptif est celui le plus équilibré à droite et à gauche (Marcu, 2000).

Ces propos offrent un milieu d'investigation assez intéressant pour le domaine d'extraction automatique. En effet, l'étape de la sélection des unités importantes profite des relations entre les structures de discours pour en décider le degré de leur importance. L'étape de réduction peut éventuellement exploiter les relations de cohérence et de cohésion pour garder l'unité textuelle de l'extrait et d'éviter les ruptures de séquences (Keskes et al. 2010c).

Les expériences avec l'utilisation de RST montrent que l'arbre rhétorique permet de prédire assez bien les unités qu'un juge humain aurait sélectionnées. Mais tel qu'affirmés par Marcu, d'autres éléments doivent être ajoutés pour obtenir de bons résultats. En effet, les informations sémantiques véhiculées dans les phrases ne sont pas prises en considération pour la sélection d'éléments (elles n'apparaissent pas dans la représentation). Les textes traités par Marcu sont "assez" courts et il faudra se demander si, quand nous passons du simple paragraphe au texte multi paragraphes, l'approche continue d'être applicable (Keskes et al., 2010b).

Cependant l'approche reste au niveau théorique car une telle représentation ne peut pas être obtenue de manière automatique.

2.1.3. Théorie de la représentation discursive (DRT)

2.1.3.1.   Présentation

La Théorie de la Représentation Discursive (*Discoure Representation Theory* : DRT), proposée par Hans Kamp (Kamp, 1981 ; Kamp et Reyle, 1993) et comme d'autres théories du discours se basent sur une sémantique formelle.

Cette représentation formelle a pour objectif de déterminer les conditions de vérité d'un segment et d'interpréter sémantiquement le discours (c.-à-d., des suites cohérentes de phrases ou segments) (Laignelet, 2009).

La DRT permet de représenter un énoncé sous une représentation structurelle.

Cette théorie a la particularité de postuler un niveau intermédiaire de représentation entre la syntaxe des phrases et leur interprétation dans un modèle (Gamut, 1991). Les structures de ce niveau intermédiaire sont appelées Structures de Représentation Discursive (*Discourse Reprensentation Structures* – DRS). La théorie DRT contient en conséquence deux composants principaux : 1) la procédure de construction des DRS, qui est le mécanisme qui permet de passer d'un énoncé ou d'un ensemble d'énoncés à cette représentation intermédiaire, et 2) la méthode au moyen de laquelle une DRS est interprétée dans un modèle, ce que Nicholas Asher appelle « définition de correction » (*correctness definition*) (Asher, 1993).

Les évolutions de la DRT ont été menées en intégrant les événements et leurs relations dans la construction du discours. Ainsi, ces évolutions de la DRT sont remarquées au niveau de la construction et de la correction des DRS (Busquets et al., 2001).

Cette théorie a fait l'objet de plusieurs axes de recherches, en particulier ceux liés à la résolution de l'anaphore (Corblin et al., 2001) et (Amsili et Roussarie, 2004), la construction des structures de représentation (Amsili et Roussarie, 2004), le traitement du temps (Moeschler, 1998), la prise en compte du pluriel (Estratat et al.,2004), etc.

2.1.3.2.   Description détaillée de la théorie DRT

La théorie DRT se base sur une représentation formelle donnée par la DRS et une interprétation de correction de la structure de représentation dans un modèle.

2.1.3.2.1. Représentation DRS

Pour commencer, nous présentons un exemple de Structure de Représentation Discursive - DRS représentant une phrase simple.

Enoncé	Représentation formelle de l'énoncé
Axel mange un croissant.	K = <{x,y}, {Axel(x), croissant(y), x mange y}>

Tableau 1.4 : Un exemple de texte avec sa représentation formelle

Cette phrase est traduite par une DRS$_K$ relative à la représentation formelle K, et représentée par la suite graphiquement en « boîte ».

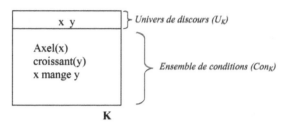

Figure 1.4 : La structure de représentation discursive K (DRS$_K$)

Ainsi, comme nous montre l'exemple précédent, la DRS$_k$ est une structure composée de deux ensembles (Amblard, 2007).

- Le premier, {x,y} qui regroupe des éléments appelés *référents* de discours et que l'on peut les comparer à des variables en logique du premier ordre. Ils sont destinés à être *liés* (mis en correspondance) par une fonction d'assignation à des individus du modèle. Cet ensemble est appelé *univers de discours* de la DRS, noté U$_K$.

- Le second ensemble, {Axel(x), croissant(y), x mange y} qui regroupe des conditions portant sur les référents de discours de la DRS. Ces conditions peuvent être 1) *simples*, c'est-à-dire des prédicats appliqués à des *référents de discours* (x et y dans notre exemple), ou 2) *complexes*, c'est-à-dire mettant en jeu d'autres référents relatifs à d'autres DRS (dites *subordonnées*). L'objective des conditions (simples ou complexes) est analogue à celui des prédicats de la logique du premier ordre. Ce second ensemble est appelé *ensemble de conditions*, noté Con$_K$.

Une DRS K est un couple <U$_K$, Con$_K$>, où :
- U$_K$ est un ensemble de référents de discours (*univers de discours*)
- Con$_K$ est un ensemble de conditions

Figure 1.5:Définition de la DRS

2.1.3.2.2. Définition de correction de la DRS

La définition de correction de la DRS se fait par l'intermédiaire des règles associées aux catégories syntaxiques des mots du discours. La nécessité de cette étape réside dans le fait qu'elle essaie au maximum d'aller à un niveau d'analyse discursif plus détaillé.

Par exemple, pour résoudre le problème d'anaphore et selon Corblin, (Corblin, 2001), le nom propre a un traitement particulier *i*, il lui associe un marqueur afin de déterminer une condition d'égalité qui le caractérise. Ce nom propre est ensuite remplacé par son marqueur dans le discours.

En guise de conclusion, cette théorie a permis d'élaborer un formalisme qui utilise des formules logiques pour proposer une représentation sémantique, ainsi qu'une interface entre la sémantique et le discours (Amblard, 2008).

En DRT, la même DRS croît au fur et à mesure de l'analyse du discours, car une DRS représente un texte de plusieurs propositions. La théorie de la représentation discursive segmentée SDRT n'utilise pour sa part que des DRS élémentaires (limitées à une proposition élémentaire), reliées par des relations de discours.

2.1.4. Théorie de la représentation discursive segmentée (SDRT)

2.1.4.1. Présentation

Cette théorie est initialement présentée par Acher et Lascarides. Ces deux chercheurs ont exploité l'analyse rhétorique du texte donnée par la Théorie de la Structure Rhétorique et la représentation formelle donnée par la Théorie de la Représentation Discursive (Asher, 1993 ; Lascarides et Asher, 1993).

La théorie SDRT propose une représentation dynamique du discours qui tienne en compte de la segmentation et de l'organisation structurelle discursive.

L'amélioration de cette théorie réside dans l'interaction entre le contenu sémantique des segments et la structure globale du discours. (Lascarides et Asher, 2009).

Comme la DRT, la SDRT est une théorie opératoire, du fait qu'elle vise à décrire une méthode déterministe de construction des Structures de Représentation du Discours Segmentées ou SDRS. Comme les DRS, les SDRS visent le contenu propositionnel du discours afin d'assurer une représentation macro structurelle du discours.

Pour SDRT, les unités minimales sont les propositions et les relations de discours sont de nature sémantique plutôt qu'intentionnelle.

2.1.4.2.   Description détaillée de la théorie SDRT

La SDRT adopte une méthode ascendante de construction des représentations.
Toutefois et comme c'est le cas pour les DRS qui représentent les propositions, les SDRS qui représentent les segments complexes, au sens où l'on construit un segment complexe (composé de plusieurs segments élémentaires ou complexes) à partir d'autres segments. Dans ce processus de construction, tout nouveau segment (DRS ou SDRS) doit être relié à un segment précédent par une ou plusieurs relations de discours. En fait, la SDRT cherche à décrire de façon systématique, dans un cadre logique, les mécanismes qui permettent aux locuteurs d'inférer les relations entre segments.

La représentation graphique associée à la SDRS est une "*boîte*" à deux compartiments, l'un pour les référents de discours appelés "*étiquettes*" et l'autre pour les conditions de SDRS.

Les SDRS les plus simples sont celles des discours à une seule proposition.

La SDRT reprend en plus des SDRS, les notions de cohérence introduisent par l'analyse du discours utilisées par d'autres théories comme la théorie RST.

De même, la SDRS a aussi une structure hiérarchique déterminée par le type de relation coordonnante ou subordonnante, reliant les différents segments entre eux.

En ce qui concerne l'attachement d'un nouveau segment à la structure discursive déjà construite, ce segment ne peut être attaché qu'au dernier segment analysé ou aux segments qui dominent hiérarchiquement ce dernier segment.

La SDRT abandonne la contrainte, adoptée par la RST (Mann et Thompson, 1988), qu'une seule relation de discours relie deux segments. En effet, plusieurs relations peuvent simultanément relier deux segments d'une SDRS. (Busquets, 1999)

Exemple :

"Jean a donné un livre à Marie, mais il le lui a ensuite repris."

L'exemple suivant présente deux relations de discours entre ces deux propositions: {*Contraste*} et {*Narration*}; indiquées par les marqueurs linguistiques "*mais*" et "*ensuite*".

Dans le cadre de la RST, le choix d'une relation ne dépend pas uniquement d'une propriété linguistique du texte ou des segments impliqués, mais surtout des intuitions de l'allocutaire par rapport aux intentions du locuteur ou auteur. C'est la raison pour laquelle Moore et Pollack (Moore et Pollack, 1992) ont soulevé le problème de la RST vis-à-vis des relations sémantiques et des relations intentionnelles. En cas d'ambiguïté (lorsque plusieurs relations sont vérifiées), l'allocutaire choisira une de ces relations en fonction des effets qui leur sont associés.

Si de multiples relations de discours peuvent réaliser un même attachement, la théorie doit expliquer non seulement comment nous inférons ces relations de discours mais aussi quelles sont les relations compatibles ou incompatibles (Busquets et al., 2001).

Une SDRS est donc à la base composée de DRS élémentaires, mais lorsqu'on est en présence d'un discours structuré hiérarchiquement, sa représentation doit l'être aussi. Nous distinguons alors dans la SDRS des éléments qui correspondent aux segments complexes du discours et qui sont eux-mêmes des SDRS: une SDRS est une structure récursive. L'ensemble de ces éléments, DRS et sous-SDRS, sont appelés constituants d'une SDRS.

Dans une SDRS, un énoncé est représenté par une formule du type *p:K* et des relations rhétoriques de type *R (p1, p2)*.

Une SDRS est un couple <U, C>, où:

- U est un ensemble d'étiquettes

- C est un ensemble de conditions

- p est une étiquette

- K le constituant (DRS ou SDRS) que désigne l'étiquette p

- R est une relation de discours des étiquettes p1 et p 2

Figure 1.6: Le métalangage des SDRS

Afin de construire le graphe SDRT, la détermination de la structure hiérarchique dépend des relations définies entre les étiquettes des SDRS. La détermination de ces relations a été fréquemment liée à l'étude spécifique du corpus. De ce fait, il n'existe pas pour l'instant de liste définitive des relations de discours indépendantes du type de texte. Toutefois, nous pouvons indiquer les relations les plus fréquemment utilisées pour les textes narratifs (Busquets, 1999): *Narration, Arrière-Plan, Précondition, Commentaire, Elaboration, Topique, Continuation, Résultat, Explication, Parallèle, Contraste et Conséquence.*

Il est à noter que ces relations, pour certaines ont des noms familiers, et parfois une sémantique bien différente de celle des relations de mêmes noms utilisées dans d'autres théories.

Par exemple:

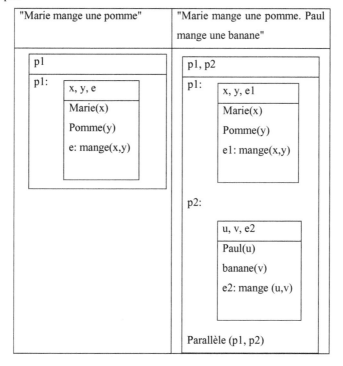

Figure 1.7 : Exemple de SDRS

Ainsi, comme nous avons indiqué précédemment, lorsqu'une condition *p:Kp* porte sur un constituant *Kp* qui n'est pas une simple DRS mais une SDRS complexe, nous sommes en présence d'une SDRS hiérarchisée.

Le graphe SDRT final, est formé par des nœuds (constituants étiquetés) et les arcs où les attachements, ornés par les relations de discours.

La SDRT fait en effet l'hypothèse que dans tout discours cohérent, chaque constituant (sauf le premier) est attaché par une relation de discours à un constituant précédent. Plusieurs relations peuvent correspondre à un même attachement et donc orner un même arc. La convention, en SDRT comme dans d'autres théories du discours, veut que l'arc soit vertical (de haut en bas) si la relation est subordonnante, et horizontale (de gauche à droite) si elle est coordonnante.

Examinons ici un exemple de SDRS complexe, qui illustre le rôle de la hiérarchisation d'une structure.

Considérons le texte suivant:

a. Jean est entré hier à l'hôpital.

b. Marie lui a cassé le nez,

c. et Paul lui a cassé le bras.

d. Il a été opéré tout de suite

d'. Il l'a même mordu.

d". Elle l'a même mordu.

La représentation et le graphe de la SDRS sont les suivants:

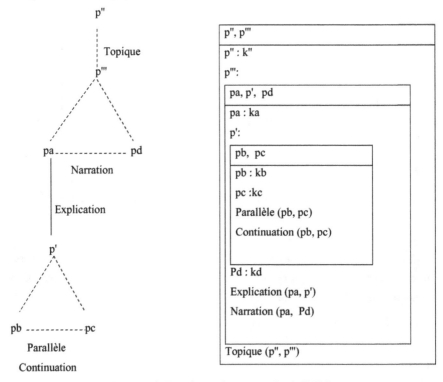

Figure 1.8: Représentation et graphe de SDRS

Dans ce graphe, les arcs présentés par des traits continus représentent les attachements entre étiquettes, ornés par les relations correspondantes. Les traits discontinus correspondent à la hiérarchisation entre SDRS et sous-SDRS. Ici, cela signifie que *pb* et *pc* sont des étiquettes de l'univers de discours de la sous-SDRS *p'*, ce qui explique leur position la plus enchâssée dans la SDRS car *p'*, tout comme *pa* et *pd*, appartient à l'univers de *p'''*. Lorsqu'une relation a pour second argument une SDRS complexe, la relation se "distribue" sur son univers de discours: la sémantique de *Explication* (*pa, p'*) est ici équivalente à la sémantique de

Explication(pa,pb)^Explication(pa,pc). Ceci est une manifestation du principe Poursuite du Schéma Discursif (PSD, *Continuing Discourse Patterns en anglais*) qui garantit que tous les constituants d'un segment complexe ont un rôle homogène vis-à-vis de la partie supérieure de la structure.

Dans *(a-d)*, *(b-c)* constitue un segment de discours qui explique pourquoi Jean est entré à l'hôpital. La relation Explication est subordonnante, ce qui correspond à l'observation linguistique que l'on peut poursuivre une explication *((c) continue (b))*, pour revenir ensuite au niveau de l'énoncé expliqué avec *(d)*, alors que l'inverse n'est pas vrai: le discours *(a-d)* ne peut être prolongé par *(d')*. La SDRT rend compte du fait que *(d')* peut prolonger *(a-c)*, mais pas *(a-d)*, par la notion de sites disponibles pour l'attachement, notion elle-même basée sur celle de frontière droite. La détermination des référents disponibles pour la résolution des anaphores repose également sur la notion de subordination dans la structure.

Considérons par exemple la SDRS du discours *(a-c, d')*, c'est-à-dire, le sous graphe du graphe ci-dessus n'incluant que *pa, p', pb* et *pc*, dans lequel nous attacherons (par Continuation) à *pc* le constituant étiqueté par *pd* représentant *(d')*, puisque *(d')* poursuit l'explication de *(a)*. Les anaphores des deux pronoms *il* et *l'* de *(d')* peuvent être résolues, la première par une coréférence à un référent de discours introduit dans *Ka (Jean)*, et la seconde par un référent introduit dans *Kc (Paul)*. En effet, ces référents sont tous les deux disponibles depuis *pd*, attaché à *pc*. Le cas est différent pour *(a-c, d'')*. La SDRT prédit que ce discours n'est pas bon par le fait que le pronom *elle* ne peut être résolue, les référents de *Kb* n'étant pas disponibles.

2.1.5. Exploration contextuelle

2.1.5.1. Présentation

L'exploration contextuelle (Desclés, 1991) est une méthode fondée sur une exploration contextuelle du texte. Cette exploration se base sur l'hypothèse suivante : les textes contiennent des *marqueurs* discursifs explicites (morphèmes, mots, expressions, locutions, etc.) révélateurs de notions sémantiques associées à une *tâche* donnée (construire un résumé par exemple). Ces marqueurs sont donc des *indicateurs* saillants pour la tâche et sont des *déclencheurs* pour sa résolution. Cependant, les indicateurs sont souvent polysémiques [2]. Les déclencheurs deviennent alors des « pivots » pour procéder à une analyse exploratoire du contexte par une recherche d'*indices* linguistiques, eux aussi jugés

---

[2] Qui comportent plusieurs sens, ils peuvent être non univoques d'une valeur sémantique unique.

pertinents pour la tâche traitée et *complémentaires* du déclencheur. Ces indices participent directement à la résolution de la tâche. La figure suivante (Desclés, 1997) illustre ces propos.

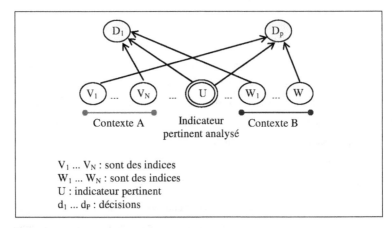

Figure 1.9 : Concepts de l'exploration contextuelle

Le déclencheur et les indices contextuels guident la prise de *décision* pour l'étiquetage sémantique de certains segments textuels par rapport à la tâche donnée, et ce, aux moyens de règles heuristiques appelées *règles d'exploration contextuelle*. Une règle d'exploration contextuelle permet alors de repérer un indicateur linguistique pertinent ILP et de rechercher la présence dans le *contexte* C d'indices linguistiques contextuels ILT_i qui permettent de prendre une décision D_i relative à la tâche que l'on veut résoudre (Berri, 1996). Elle se présente ainsi :

SOIT le contexte C

SI (l'indicateur linguistique pertinent ILP est présent dans C) **ET SI (les indices contextuels ILT_1, ..., ILT_k sont présents dans C)**

ALORS prendre la décision D_i.

2.1.5.2. Description détaillée de la théorie EC

Le contexte ou *espace de recherche* spécifié dans chaque règle d'exploration contextuelle peut s'agir de la *phrase* ou d'une *partie de la phrase* où se trouve l'indicateur, de la phrase d'avant, d'après, du paragraphe, etc. La décision à prendre peut être : attribuer une étiquette sémantique à un segment textuel, déclencher une autre règle, etc.

Prenons l'exemple de la phrase suivante, citée dans (Berri, 1996), jugée importante pour la tâche de construction des résumés : « *Il est important* de **souligner** *que cet accord de* *principe, ouvre la voie vers ... »*. Le jugement d'importance attribué à cette phrase est fait en se basant sur l'indicateur *souligner* et les indices linguistiques (*il + verbe être + important*).

Les indicateurs déclencheurs et les indices complémentaires sont des connaissances linguistiques relativement *indépendantes des domaines traités*. Les indices linguistiques retenus appartiennent alors au vocabulaire général de la langue et non au vocabulaire d'un domaine particulier. Ainsi, que l'on veuille exprimer une idée dans le domaine de la physique, dans le domaine de l'aéronautique ou dans le domaine de la linguistique, nous avons souvent recours aux mêmes expressions, mis à part les concepts purement techniques liés au domaine traité.

En résumé, la méthode d'exploration contextuelle postule qu'il est possible de repérer certaines informations sémantiques à partir de marques de surface en réponse à *des besoins spécifiques d'utilisateurs* cherchant à sélectionner des informations importantes. Le travail préalable du linguiste consiste alors à étudier systématiquement un corpus de textes pour y chercher des régularités lexicales et discursives dont l'emploi est représentatif de la catégorie sémantique considérée. Les modes d'expression associés à ces catégories discursives dans un corpus sont en nombre fini. Par conséquent, ceci n'exige ni le repérage de structures syntaxiques spécifiques, ni la constatation d'ontologie du domaine en vue d'en énumérer les concepts et les relations entre ces concepts.

Les avantages de cette technique sont : l'indépendance entre les connaissances linguistiques nécessaires au système et les connaissances accumulées sur un domaine particulier. Elle permet une extensibilité incrémentale, en complétant les listes déjà établies (recherche d'indices plus fins) et en affinant les règles d'exploration (Desclés, 1997). Un Système d'Exploration Contextuelle est donc plus ou moins performant selon la richesse des indices pris en compte et la finesse de l'exploration.

L'exploration contextuelle est une technique multidisciplinaire à trois dimensions.

- Dimension linguistique : car l'EC pose les hypothèses linguistiques suivantes (Desclés et al, 1991 ; Desclés 1997) :

  1) Certaines unités linguistiques sont des marqueurs d'un point de vue (discursif ou sémantique) précis ;

  2) Ces marqueurs étant polysémiques, des indices contextuels permettent de lever l'indétermination ;

3) Il y a une hiérarchie entre marqueurs : les indicateurs sont des marqueurs qui portent le poids sémantique de l'hypothèse, tandis que les indices ont une valeur de discrimination: leurs présences ou leurs absences permettront de confirmer ou infirmer l'hypothèse sémantique portée par l'indicateur. De plus, le repérage des marqueurs, à partir d'un corpus premier, et leur hiérarchisation en classes d'indicateurs et classes d'indices nécessite des connaissances linguistiques qui permettent de les organiser sous forme de règles d'EC, dont la qualité linguistique doit être validée expérimentalement.

- Dimension informatique : car, au niveau de la stratégie du TAL à mettre en œuvre, la méthode d'EC s'appuie sur le traitement de formes de surfaces relatives à un champ grammatical, sémantique ou discursif précis. Ceci implique que la mise en œuvre informatique ne fait pas appel à une stratégie de TAL traditionnelle où les étapes de traitement lexical, morphologique, syntaxique et sémantique sont enchaînées. Les systèmes d'EC ne s'appuient que sur des formes de surface, auxquelles ils associent des valeurs sémantiques possibles par le biais de règles d'EC.

- Dimension cognitive : car la dialectique de l'indicateur déclencheur et des indices contextuels est fondée sur une hypothèse cognitive : devant un texte spécialisé un lecteur non averti dans le domaine est tout à fait capable d'identifier, à partir de certaines unités textuelles saillantes, les relations organisatrices de la connaissance ainsi que l'organisation discursive mise en place par l'auteur (Desclés, 1991). Ou, en d'autres mots : La lecture d'un texte, est une activité qui consiste à prélever sélectivement des éléments micro- ou macro- structurels, à les transformer en indices signifiants et à établir une (ou des) hypothèse(s) de sens. Si elle(s) stabilise(nt) provisoirement le sens construit, cette/ ces hypothèse(s) permet (tent) également au lecteur d'anticiper sur le sens à venir et de relancer le processus de prélèvement d'indices textuels. (Canvat, 2005)

Comme exemple, dans le système de segmentation de textes, l'application de la méthode d'EC a été réalisée à partir des marqueurs typographiques qui jouent un rôle important dans le déclenchement des règles de segmentation.ces règles font appel à un examen du contexte gauche et/ou droit, ce qui permet de lever les ambiguïtés.

Une règle d'EC pour la segmentation de textes a la forme générale suivante :

Soit un marqueur pivot X

SI le contexte gauche de X est G

ET SI le contexte droit de X est D

ALORS prendre la décision Y (fin ou non fin d'un segment)

Exemple d'une règle :

SI l'on rencontre dans un texte un point PT

ET SI PT est suivi d'un espace BL

ET SI BL est suivi d'un guillemet GI

ET SI GI est suivi d'un BL

ET SI BL est suivi d'une majuscule

ALORS PT (le dernier de (trois points) est la fin d'un segment textuel (insérer la marque d'une fin d'un segment après le guillemet).

2.1.6. Discussion

Les avantages pratiques de l'usage de la RST sont les suivants: Elle permet de visualiser sur un diagramme les relations de cohérence entre des segments, qui sont conceptuellement hiérarchisées. Cette caractéristique revêt un intérêt particulier compte tenu de la nature de l'objet d'étude retenue : la dimension sémio-graphique de la réécriture. Aussi une grille d'analyse fine peut-elle être proposée afin de repérer les relations rhétoriques et la cohérence textuelle. Il s'agit aussi d'inclure dans l'analyse les aspects liés à la hiérarchisation spatiale des informations prises en note. Enfin, l'analyse des relations contribuant à la cohérence des textes cibles produits à partir des prises de notes peut être entreprise tout en vérifiant sa conformité avec celles qui apparaissent dans le texte source.

Par ailleurs, la RST complète avantageusement une analyse hiérarchique plus classique comme celle présentée précédemment. Elle peut même fournir des informations qui peuvent nuancer, voire contredire l'interprétation de résultats opérée à la suite de l'analyse hiérarchique classique. Sur un plan plus théorique, l'usage de la RST peut livrer un éclairage nouveau sur ce qui fait un texte ("texthood " ou textualité). (Mann et Thompson, 2001) ont constaté que la probabilité d'analyser des textes " élaborés avec soin " est forte alors qu'elle est faible pour les non-textes.

Dans cette seconde situation, les effets communicationnels échappent souvent à la signalisation linguistique. Sans combler un tel manque, la RST a le mérite de tenir compte de l'absence de correspondance entre effets de sens et marqueurs linguistiques. Elle peut ainsi, par cette voie, contribuer efficacement à l'élaboration d'une sémantique textuelle complexe inscrite dans le champ de la pragmatique.

Enfin, l'application de la RST implique d'attribuer à tout segment un effet de sens. Elle impose ainsi de réfléchir aux intentions du locuteur-rédacteur. Par le jeu des relations -

porteuses en elles-mêmes de sens - les principes fondateurs de la RST conduisent, dès lors, à rendre visible la communication implicite. Plus précisément, cet implicite, souvent verbalisé dans les textes cibles, pourra en partie être caractérisé par la mise à jour des relations rhétoriques que permet la RST (Keskes et al., 2010c).

Cependant, la démarche adoptée dans la RST présente une série de limites. La critique majeure qui lui est adressée concerne en premier lieu les relations, qui paraissent souvent aux utilisateurs non exhaustives, peu théorisées, et dont les définitions sont parfois trop sommaires (Mann et Thompson, 2001). Cette lacune peut toutefois être partiellement comblée par un effort définitoire, au moins en ce qui concerne les relations les plus fréquentes dans le texte. De plus, l'application de l'outil impose aussi des prises de décision (choix des relations caractérisant les intentions de l'auteur) qui ne permettent pas de faire un dépouillement " automatique " des relations argumentatives. Enfin, l'analyse RST des textes sources et cibles est lourde à mettre en œuvre. Compte tenu de ces limites, il ne s'agira pas ici d'appliquer cet outil de façon systématique à l'ensemble du corpus afin d'en tirer des résultats quantitatifs, mais d'étudier en quoi l'analyse du texte source au moyen de la RST permet d'éclairer différemment, d'un point de vue qualitatif, certains phénomènes linguistiques observés dans les textes cibles.

Pour clore cet aperçu des différentes approches du discours nous pouvons comparer de façon synthétique dans le tableau ci-dessous les théories intégrant la notion de structure du discours.

	RST	DRT	SDRT	EC
Nature des relations	Sémantique et intentions	Sémantique	Sémantique	Intentions
Segmentation	But communicatif	Unité sémantique	Unité sémantique	But communicatif
Nature de la structure	Description fonctionnelle (schéma)	DRS (formule logique)	DRS et SDRS (formule logique)	Plan et sous plan de tâches
Construction de la structure	Règles rhétoriques	Inférences avec des règles sémantico-pragmatiques	Inférences avec des règles sémantico-pragmatiques	Règles d'extractions contextuelles

Hiérarchie (différents types de relations)	Mononucléaire (noyau/satellite) Multi-nucléaire	Subordination/ coordination	Subordination/ coordination	Pas d'hiérarchie

Tableau 1.5 : Comparaison entre les approches théoriques

2.2. Approches numériques

2.2.1. Introduction

Dans cette partie, nous présentons les différentes méthodes employées pour l'extraction de phrases pertinentes ; elles sont basées essentiellement sur le calcul d'un score associé à chaque phrase afin d'estimer son importance dans le texte. Le résumé final ne gardera que les phrases qui ont les meilleurs scores (Boudin, 2009).

2.2.2. Différentes techniques

2.2.2.1.   Fréquence des mots

Cette méthode est considérée parmi les premières méthodes expérimentées dans le domaine de résumé automatique. Elle a été développée par Luhn en 1958. Cette méthode se base sur le fait que l'auteur utilise, pour exprimer ses idées clés, quelques mots clés qui ont tendance à être récurrents dans le texte. En effet, cette suggestion repose sur l'hypothèse qu'un auteur mette normalement l'accent sur un aspect d'un sujet en répétant certains mots qui lui sont relatifs. Les mots à haute fréquence sont donc indicatifs du contenu du document et sont considérés comme positivement représentatifs.

"La procédure suggérée revendique sur le principe que les mots de haute fréquence dans un document sont les mots importants" (Luhn, 1958). Les phrases importantes sont celles qui renferment les mots assez fréquemment employés dans le texte.

Luhn cumule au critère de fréquence un deuxième critère qui est la proximité. Deux mots appartiennent à un même groupe de mots clés ou "pleins" si la distance entre les deux mots ne dépasse pas quatre ou cinq mots non significatifs ou "vides". Dans ce même ordre d'idées, le poids attribué à chaque phrase dépend de la richesse de la phrase, en mots appartenant à la liste des mots clés (un mot clé est un mot qui possède une fréquence d'apparition qui dépasse un seuil préétabli). Ainsi, les *n* premières phrases qui ont les poids les plus élevés sont considérées comme les plus pertinentes.

2.2.2.2.   Expressions indicatives

Dans cette méthode, la pondération des phrases dépend de deux types d'expressions : les expressions "*bonus*" et les expressions "*stigma*".

Les expressions *bonus* contiennent principalement des superlatifs et des mots pleins tels que "cet article présente", "dans ce rapport nous proposons", "en conclusion", elles indiquent que l'auteur est entrain d'annoncer le thème général de son document et en conséquence elles augmentent le score de la phrase qui les contient. En contre partie, les expressions "*stigma*" contiennent principalement des anaphores et des mots ayant une valeur diminutive, tels que "par exemple", "impossible", "infaisable", elles pénalisent ce poids.

Ainsi, les mots *bonus* augmentent le score de la phrase. Ils sont considérés comme positivement représentatifs, tandis que les mots *stigma* ont un effet diminutif sur le score de la phrase (ils sont considérés comme négativement représentatifs).

Le poids final de chaque phrase est calculé en sommant les poids des indicateurs trouvés parmi les mots qui la constituent.

2.2.2.3. Mots du titre

Étant donné que le titre est l'expression la plus significative et qui résume le mieux un document en quelques mots, nous pouvons dire que la phrase qui ressemble le plus au titre est la plus marquante du document, du fait que les principaux thèmes sont véhiculés en général dans les titres et les sous-titres.

Dans ce cas, nous considérons les mots du titre du texte comme des mots clés et nous produisons le résumé en sélectionnant les phrases qui couvrent certains mots apparaissant dans un titre (Douzidia, 2004).

2.2.2.4. Position des phrases

Cette méthode a été introduite par Edmunson en 1969 pour compléter la méthode de distribution de termes qu'il a appelé " *key method* " (Edmunson, 1969). Elle est utilisée en combinaison avec d'autres méthodes d'attribution de poids pour faire augmenter ou diminuer le poids d'une phrase lors de son interprétation (Nouira, 2004).

Cette méthode considère que la position de la phrase dans le texte détermine le degré de son importance. Dans cet ordre d'idées, Cette méthode suppose que la position d'une phrase dans un texte indique son importance dans le contexte. Les premières et les dernières phrases d'un paragraphe par exemple, peuvent transmettre l'idée principale et devraient donc faire partie du résumé.

Par exemple, dans un paragraphe, la première phrase est généralement centrale au sujet du texte, celle située vers la fin du paragraphe peut l'être aussi. Ainsi la position ordinale d'une phrase dans le texte permet alors de lui assigner un poids positif (poids d'occurrence) (Khemakhem, 2004).

Comme variante de cette méthode, nous pouvons citer la méthode Lead ; c'est une méthode qui détermine les phrases importantes en extrayant celles qui sont en tête.

Cette méthode est efficace pour résumer les articles de journaux, puisque les phrases importantes ont tendance à apparaître dans les premières phrases de l'article.

L'inconvénient de cette méthode est qu'elle dépend de la nature du texte à résumer ainsi que du style de l'auteur (Douzidia, 2004).

2.2.2.5. Statistiques de co-occurrences lexicales

Cette méthode se situe dans la même lignée de celle proposée par (Luhn, 1958) sauf que le calcul de la fréquence des mots clés ou "*pleins*" doit tenir compte du corpus auquel appartient le texte à résumer. En effet, il faut noter que lorsqu'on traite un texte qui appartient à un corpus sur un sujet particulier (informatique, économie, finance, etc.), d'autres mesures doivent être prises en considération. En fait, pour une collection de documents sur l'informatique, il est très probable que des mots tels que "ordinateur" et "algorithme" soient fréquents dans tous les documents tandis que d'autres comme "systèmes distribués" soient seulement spécifiques à un sous-ensemble de documents. Dans ce cas, la fréquence de chaque mot doit être normalisée (Khemakhem, 2004).

La fréquence normalisée du mot i est donnée par la formule suivante (Saggion, 2000):

$$fr_i = tf_i * idf_i$$

fr_i : fréquence normalisée du mot i

tf_i : fréquence du mot i dans le document à résumer

idf_i : fréquence inverse du mot i

Tel que
$$idf_i = log(N/dtf_i)$$

Où N est le nombre de mots dans la collection de référence et dtf_i est le nombre de fois du mot i dans la collection de référence.

Après avoir calculé la fréquence de chaque mot, un poids est attribué à chaque phrase. Le résumé généré est alors produit en affichant les phrases les plus "pesantes" du document source.

2.2.3. Apprentissage

Les méthodes statistiques, quant à elles, reposent le plus souvent sur l'approche de « sac de mots » (bag of words) pour représenter une unité textuelle (paragraphe ou phrase). Elles échouent souvent sur des corpus hétérogènes. L'ensemble des méthodes est d'autre part souvent peu apte à traiter des corpus de grande taille, du fait de leur combinatoire, pour cela sont apparues les méthodes basées sur l'apprentissage.

Récemment des techniques basées sur l'apprentissage ont été proposées pour le résumé automatique. L'argument en faveur de ces méthodes est d'être capable de s'adapter à des conditions opérationnelles bien plus diverses et en particulier de s'adapter à différents types de corpus.

Ces techniques sont en nombre de trois :

2.2.3.1. Apprentissage supervisé

L'apprentissage supervisé a pour but de produire automatiquement des règles à partir d'une base de données d'apprentissage contenant des exemples de cas déjà traités.

Plus précisément, cette technique est composée de deux phases : la phase d'apprentissage et la phase de validation.

La phase d'apprentissage est décomposée en trois étapes principales, la première étape consiste à choisir les critères qui déterminent l'extraction d'une phrase à partir du corpus d'apprentissage (composé d'un ensemble de textes sources et de leur résumé correspondant). Ces critères peuvent combiner des informations positionnelles (la phrase est située dans le premier paragraphe), lexicales (la phrase contient des mots fréquents dans le texte), structurelles (la phrase contient des mots présents dans le titre du texte), etc. En fait, l'essentiel des méthodes fondées sur l'apprentissage va consister à choisir de bons critères.

Dans une deuxième étape, chaque phrase du document est analysée en fonction des critères choisis, puis comparée au résumé de référence. Dans le cas où le résumé de référence n'est pas composé de phrases du texte source, la comparaison est effectuée en utilisant un calcul de similarité. Cette étape aboutit à la construction d'un ensemble de vecteurs d'extraction V.

La troisième étape utilise un algorithme d'apprentissage pour produire des règles d'extractions, les vecteurs V constituent l'entrée à partir desquelles les règles sont construites.

• Choix du corpus et procédure d'annotation

La constitution d'un corpus n'est pas un problème propre au résumé automatique, c'est en soi un problème auquel se trouve confronté l'ensemble de la communauté du TALN plus précisément pour la langue arabe.

Dans le cas d'un système d'apprentissage, les paramètres qui vont présider aux choix des textes de références sont donc cruciaux, puisque le corpus sera la seule source d'apprentissage.

Le corpus étant choisi, il convient d'annoter les textes qui le composent. Ceci implique d'analyser chaque phrase, pour tous les textes du corpus, et de les annoter au regard des critères d'extraction qui sont considérés comme pertinents. Ces critères d'extraction doivent impérativement pouvoir être calculés afin d'éviter une annotation manuelle. En d'autres termes, ce sont essentiellement des critères :

- Positionnels, comme la place de la phrase dans le texte ;
- Morphologiques et quantitatifs, comme la fréquence absolue ou relative des termes qui sont présents dans la phrase ;
- Discursifs par la prise en compte de la cohésion textuelle ;

Critères	Commentaires
Sent-loc-para	La phrase est placée au début, au milieu, ou dans le dernier tiers du paragraphe.
Para-loc-section	La phrase est placée au début, au milieu, ou dans le dernier tiers de la section.
Sent-spécial-section	Egale à 1 si la phrase est placée dans l'introduction, à 2 si la phrase est placée dans la conclusion, à 3 dans les autres cas.
Depth-sent-section	Egale au rang de la section dans laquelle la phrase est placée.
Sent-in- highest-tf	Le score Tf de la phrase est le plus élevé.
Sent-in-height-tf.idf	Le score tf*idf de la phrase est le plus élevé.
Sent-in-highest-title	Le nombre de titres dans lesquels apparaissent des termes de la phrase est le plus élevé.
Sent-in-hightest-pname	Le nombre d'entités nommées qui apparaissent des termes de la phrase est le plus élevé.
Sent-in-highest-syn	Le nombre de liens de synonymie est le plus élevé.
Sent-in-highest-co-occ	Le nombre de liens de cooccurrence est le plus élevé.

Tableau 1.6 : Critères utilisés pour l'apprentissage (Mani et al., 1998)

La procédure d'annotation construit pour chaque phrase du corpus d'entrainement un vecteur correspondant aux valeurs des critères propres à la phrase : puis dans le cas où les résumés de références sont composés de phrases du texte source, ce vecteur est complété par un critère booléen en effectuant une simple comparaison entre la présence ou l'absence de la phrase dans le résumé.

Au final, nous obtenons donc un nombre de vecteurs dont certains sont identiques. En supprimant les redondances, ce nombre est réduit, nous pouvons aussi les diviser en deux types : vecteurs dit positifs au sens où ils correspondent à des phrases qui apparaissent dans les résumés de référence et vecteurs dit négatifs au sens où ils correspondent à des phrases qui n'apparaissent pas dans les résumés de références.

- Apprentissage des règles

La phase suivante exploite ces vecteurs pour produire des règles en utilisant une technique d'apprentissage. Quelques exemples de règles produites en utilisant les systèmes génériques d'apprentissage sont présentés dans le tableau 1.7.

Règles apprises	Nom du système
Si la phrase est dans la conclusion Et si le coéfficient tf*idf est élevé Alors la phrase est inclue dans le résumé	C4-5-Rules
Si la position de la phrase est dans le deuxième tiers du paragraphe Et si le paragraphe est dans le premier tiers de la section Alors la phrase est inclue dans le résumé	C4-5-Rules
Si la phrase est dans une section de rang 2 Et si le nombre de mots-clés est compris entre 5 et 7 Et si le rapport mots-clés, mot significatif est compris entre 0,43 et 0,58 Alors la phrase est inclue dans le résumé	AQ15c
Si la phrase contient entre 15 et 20 mots techniques Alors la phrase est inclue dans le résumé	C4-5-Rules

Tableau 1.7 : Exemples de règles apprises

La phase de validation est constituée d'une seule étape, c'est la validation des règles produites en les appliquant sur un corpus de test (la taille du corpus de test et en général de l'ordre de 10% du corpus d'entrainement), et en comparant les résumés produits automatiquement avec les résumés de référence.

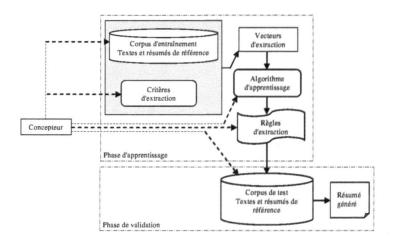

Figure 1.10 : Principes des systèmes à apprentissage supervisé

2.2.3.2.   Apprentissage semi supervisé

Les systèmes supervisés présentés précédemment nécessitent un corpus d'apprentissage composé de textes sources et de leurs résumés. Or cette exigence peut ne pas être remplie et ce pour plusieurs raisons :

- Le coût croissant d'élaboration des résumés de qualité associé à l'augmentation importante de la masse des textes scientifiques et techniques produits chaque année a entrainé l'abandon dans un grand nombre de centres de documentations de la production de résumés. Les résumés associés aux articles sont les résumés fournis par les auteurs de l'article ; ce qui entraine d'une part une forte hétérogénéité et d'autre part une baisse sensible de leur qualité ;

- L'intérêt de certains textes peut être très limité dans le temps, ce qui rend le coût de production d'un résumé prohibitif ;

- Les normes de production des textes peuvent évoluer dans le temps, ce qui entraine une modification de l'importance de certains critères structurels appris par un système supervisé ;

- Des nouvelles formes sémiotiques, notamment sur la toile, apparaissent de plus en plus, rendant ainsi aléatoire toute tentative de figer la pondération entre les critères d'apprentissage.

Les systèmes non supervisés se proposent donc de fournir une solution pour construire des systèmes par apprentissage sans disposer de corpus d'apprentissage ou en s'appuyant sur un corpus d'apprentissage de petite taille (Minel, 2002).

Il existe, en fait, deux approches pour la classification en mode semi-supervisé. La première est dite générative et elle tente de modéliser la distribution des données en maximisant la vraisemblance du mélange. La seconde est dite discriminante et elle tente de calculer directement la pertinence des phrases par rapport au résumé, sans modéliser les données. Dans ce dernier cas, un critère de vraisemblance est aussi maximisé, mais cette fois la vraisemblance est classifiante, a pour avantage qu'aucune hypothèse n'est faite sur les données, ce qui est en général justifié. Cette maximisation est effectuée en faisant appel à une classe générale de procédures itératives connues sous le nom d'algorithme « EM ». Il faut noter que, dans cette approche, il n'est pas possible, pour le concepteur du système comme c'est le cas pour le superviseur, de modifier la fonction de vraisemblance. En ce sens, ces systèmes sont plutôt du type « boite noire ».

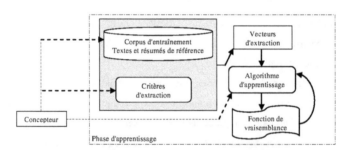

Figure 1.11 : Principe des systèmes à apprentissage semi-supervisé

Le principal inconvénient de l'apprentissage supervisé de fonctions d'ordonnancement est que l'étiquetage des instances nécessite l'intervention d'un expert qui doit examiner manuellement une grande quantité de données.

2.2.3.3. Apprentissage non supervisé

Cette méthode est peu utilisée; elle se distingue de l'apprentissage supervisé et semi supervisé du fait qu'elle n'utilise pas de corpus d'apprentissage et de validation et du fait que l'expert humain est absent (pas d'intervention de l'expert humain).

Dans l'apprentissage non-supervisé il y a en entrée un ensemble de données collectées. Ensuite le programme traite ces données comme des variables aléatoires et construit un modèle de densités jointes pour cet ensemble de données.

Une forme d'apprentissage non-supervisé est le partitionnement de données qui n'est pas toujours probabiliste.

Les systèmes semi-supervisés ou non supervisés apportent de ce point de vue un véritable gain de temps en réduisant fortement le coût de la phase d'apprentissage et en fournissant un moyen d'adapter le modèle de décision aux données. Il reste que les critères d'extractions sont les mêmes que ceux utilisés par les systèmes supervisés, mais rien n'interdit dans leur principe de prendre en compte des paramètres à caractères plus linguistiques.

De notre point de vue, le principal défaut, de ces approches par apprentissage tient à leur hypothèse, implicite, de considérer la phrase comme l'élément atomique de classification. De ce fait, aucun critère d'extraction ne prend en compte la dépendance entre phrases, dépendance qui apparait à travers la présence d'anaphores, de connecteurs, de marques de temps verbaux, etc.

En ce sens, les systèmes d'apprentissages reproduisent les mêmes défauts que les systèmes d'extraction classiques.

2.2.4. Approche hybride

L'idée est de coupler les méthodes statistiques avec les méthodes linguistiques afin d'affiner les recherches. Il s'agit donc d'automatiser la tâche de résumer des textes en se basant sur des moyens linguistiques d'analyse du discours d'une part, et sur les capacités de calcul des outils informatiques, d'autre part.

L'idée d'associer des modèles linguistiques à des modèles statistiques est pertinente dans le sens qu'elle associe la finesse d'une analyse linguistique à la robustesse d'une analyse numérique.

Les méthodes linguistiques profondes ont pour objectif une analyse sémantique fine (représentation structurée des connaissances, s'appuyant sur des connaissances syntaxiques et/ou des primitives sémantiques) mais ne peuvent effectivement fonctionner que sur des corpus de taille limitée, en partie à cause du temps de traitement ou de la nécessité d'une intervention humaine. A l'inverse, les méthodes numériques pures ne fournissent des résultats pertinents qu'avec des documents de taille significative (Maâloul et al., 2006).

3. Présentation de quelques systèmes de résumé automatique

L'objectif de notre présent travail est le résumé automatique de texte arabe. Pour cela nous présentons dans cette section une description de quelques systèmes qui existent dans ce domaine à savoir les systèmes Waleed Al-sanie, RSTTool, LAKHAS et TALA.

3.1. Système de Waleed Al-sanie

Le système de Waleed (Waleed et al., 2005a) est un système de résumé automatique de textes arabe basé sur la technique RST. Ce système commence par la segmentation qui traite les signes de ponctuation en tant que caractère normaux (pas d'impcortance) par conséquent aucune particulière attention n'est faite à ces signes de ponctuation. Cette technique recherche les connecteurs potentiels pour identifier les segments. Pour créer cette liste de connecteurs, il a utilisé un corpus de 100 articles (entre 450 et 800 mots) et il a identifié pour chaque connecteur sa position, la phrase précédente et la phrase suivante. Puis il fait le réglage des frontières de segments en tenant compte des connecteurs adjacents. Cette technique n'est pas logique dans le cas où le segment peut être constitué de deux parties de paragraphes différentes.

Dans la deuxième partie, détection des relations, il a vérifié les relations anglaises sur le corpus arabe pour extraire quelques relations arabes. Etant donné que chaque langue a sa spécificité (et surtout l'arabe), cette technique peut ne pas donner de bons résultats.

La signalisation des relations se fait à traves un ensemble d'indices dégagés à partir d'une analyse manuelle et chaque indice est caractérisé par:

- Statut: précise le statut des deux segments qui relient (Noyau ou Satellite).

- Position: indique la position d'indice (Début ou Milieu).

- Relation: spécifie la relation qui signale cet indice.

- Expression régulière: spécifie l'expression régulière de l'indice.

Ensuite, il a construit tous les arbres RST possible à travers les cinq schémas de l'RST et enfin il a choisit l'arbre le plus équilibré pour générer le résumé (Waleed et al., 2005b).

3.2. Présentation de l'outil de création de l'arbre RST

Cet outil est réalisé par (O'Donnell, 1997) qui permet d'appliquer la technique RST d'une façon manuelle, donc c'est un outil destiné aux experts linguistes.

La première étape consiste à charger le texte source (il doit être en format TXT) qui peut être en plusieurs codages à savoir: Unicode, UTF-8, Standard ...

Ensuite, l'utilisateur doit segmenter le texte manuellement selon des critères à choix.

Puis, il charge la liste des relations rhétoriques à partir d'un fichier, il peut faire des mises à jour.

Enfin, il sélectionne deux phrases adjacentes, une fenêtre qui s'affiche contient la liste des relations rhétoriques, il choisit une parmi ces relations.

L'utilisateur répète cette opération pour toutes les phrases jusqu'à la construction totale de l'arbre RST comme indique la figure ci-dessous.

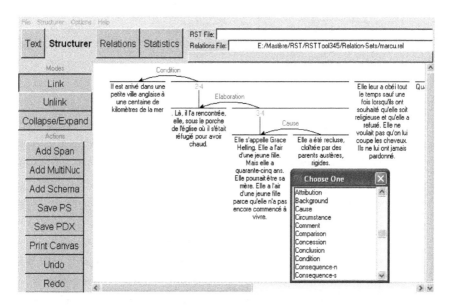

Figure 1.12: RSTTool

3.3. Système LAKHAS

Le système LAKHAS a été développé par (Douzidia, 2004) pour résumer des textes en langue arabe. Il traite des documents de type XML (codage UTF-8). Il repose sur une méthode statistique qui utilise différents critères pour calculer les poids des phrases du texte source afin de permettre la sélection des phrases du résumé.

Les principales phases du système sont les suivantes (Douzidia, 2004):

-   Segmentation du document source : Consiste à hiérarchiser le texte en différents niveaux. En effet, cette segmentation consiste à structurer le texte d'origine en suites de titres, de phrases et de mots.

- Normalisation : Consiste à faire une copie du document original dans un format standard plus facilement manipulable et ce en remplaçant les lettres {آ ! et أ} avec ا, les lettres finales ي avec ى, et ة avec ه. Cette étape est nécessaire à cause des variations qui peuvent exister lors de l'écriture d'un même mot arabe.

- Suppression des mots vides : Consiste à éliminer tous les mots non significatifs en comparant chaque mot avec un des éléments de l'«anti-dictionnaire». Si un mot en fait est parti, il ne sera pas pris en considération pour le calcul de sa fréquence.

- Lemmatisation : Consiste à faire une lemmatisation légère qui décèle si des préfixes ou suffixes ont été ajoutés au mot. Puisque la plupart des mots arabes ont une racine de trois ou quatre lettres, le fait de garder le mot au minimum à trois lettres va permettre de préserver l'intégrité du sens du mot, ainsi que de faciliter le calcul de sa fréquence.

- Bonification des phrases contenant des expressions indicatives : Consiste à augmenter le poids des phrases contenant des expressions indicatives. En effet, telles phrases apportent souvent des informations intéressantes. L'ensemble de ces expressions figure dans un dictionnaire.

- Calcul du poids des phrases : Consiste à donner une note pour chaque phrase. Cette note représente le score global qui sera calculé par combinaison de différentes méthodes (fréquence, position, expression indicative, etc.).

- Extraction des phrases : permet de retourner le résumé final suivant le poids des phrases et le choix du pourcentage de compression. Ce pourcentage représente le nombre de phrases extraites par rapport au nombre de phrases contenues dans le document.

3.4. Système TALA

Le système TALA est un prototype de filtrage sémantique de textes en arabe, proposé par (Alrahabi et al., 2004), basé sur la méthode de l'exploration contextuelle. Son principe s'appuie sur des connaissances linguistiques et permet de repérer, grâce à des indices linguistiques, des informations pertinentes, comme les annonces thématiques, les énoncés définitoires, les titres, les soulignements, les récapitulations etc.

Notons qu'à part ces travaux de nature académiques, il existe des outils industriels de résumé en langue arabe ou des outils adaptables à l'arabe (Sakhr, Pertinence summarizer,…) (Jaoua et al., 2006).

4. Conclusion

A l'issue de ce chapitre, nous pouvons conclure que l'activité résumante cherche à transformer un texte en un nouveau texte dans une version plus courte et dont les informations pertinentes ont été préservées. Dans ce même contexte, nous avons exploré quelques approches qui ont été proposées pour résoudre le problème de produire des résumés de manière automatique.

Toutefois, malgré la diversité des méthodes de résumé, certaines semblent offrir de meilleurs résultats que d'autres. Cela est dû en grande partie à la nature du texte et au style de l'auteur.

Etant donné que les résumés produits sont généralement peu cohérents à cause de l'extraction de phrases déconnectées de leur contexte, nous allons essayer dans le chapitre suivant de combler cette lacune en proposant une approche basée essentiellement sur une méthode linguistique permettant de générer un résumé qui peut être personnalisé par l'utilisateur.

Notre méthode pour le résumé des textes arabes est basée essentiellement sur la théorie de la structure rhétorique, qui a prouvé son efficacité pour d'autres langues et semble donner des résultats satisfaisants au niveau informationnel.

Chapitre 2 : Méthode proposée pour le résumé automatique de textes arabes

1. Introduction

Le processus de résumé automatique de texte se base, comme nous l'avons déjà présenté dans le premier chapitre, sur des approches numériques et symboliques. Ces deux approches, malgré leurs utilisations fréquentes dans les résumés des textes français et anglais, ont quelques limites. Cela est dû à la nature du corpus sur lequel elles sont appliquées et au style de l'auteur.

Les systèmes de résumé automatique de textes arabes présentés dans le chapitre précédent sont considérés, à notre connaissance, comme les rares applications pour ce domaine malgré les quelques lacunes qu'ils contiennent (Keskes et al., 2010c).

La méthode de résumé automatique que nous présentons dans ce chapitre se base sur le repérage de relations rhétoriques porteuses des valeurs sémantiques et indépendantes d'un domaine particulier. Cela est possible grâce à des *marqueurs principaux* qui signalent les relations et des *indices de validation* qui confirment ou infirment ces relations qui ont déjà fait leurs preuves pour d'autres langues comme l'anglais et le français.

La méthodologie suivie consiste à choisir d'abord le corpus du travail, l'analyser linguistiquement en se basant sur la validation de plusieurs experts du domaine (linguistes arabes), ce qui est une étape incontournable et qui se résume dans la recherche, la détection et l'organisation des règles rhétoriques trouvées (Keskes et al., 2010a).

Enfin, la génération d'extrait se réalise en deux étapes, la première consiste à sélectionner les phrases contenant les unités textuelles importantes (Noyaux), d'après les règles rhétoriques ; la deuxième consiste à sélectionner quelques relations d'après l'ensemble des relations dégagées selon le type de résumé indicatif choisi par l'utilisateur ou à travers l'ensemble des relations choisies par ce dernier.

2. Gestion des connaissances linguistiques

Notre principal objectif est de concevoir un système de résumé automatique pour les documents arabes. Le but d'un tel résumé est de présenter les principaux points traités dans un document pour permettre au lecteur de consulter rapidement le contenu afin de trouver les documents pertinents. La réalisation de ce travail nécessite une analyse linguistique du corpus. Le but essentiel de cette analyse est le repérage des unités linguistiques de surface qui sont des *marqueurs linguistiques ou indices linguistiques (principaux ou de validation)*, qui sont répertoriés dans des *règles rhétoriques*, indépendants d'un domaine particulier et porteurs de valeurs sémantiques communes aux documents. Ces marqueurs sont utilisés, par la suite, pour segmenter le texte en *unités minimales* ou *segments* et dégager les relations qui existent entre eux en appliquant les *règles rhétoriques* (Keskes et al., 2010b).

Afin d'illustrer les particularités de notre domaine d'étude, nous allons présenter les différentes étapes de notre étude sur les articles de presse.

2.1. Constitution du corpus

Les documents de notre corpus représentent des articles de presse[3] de type HTML avec un codage UTF-8 (Unicode Transformation format). Le choix de ce type de document se justifie par sa disponibilité sur le Net par rapport aux autres types de documents (XML par exemple).

Ainsi, c'est à partir du Web que nous avons construit notre corpus de textes en langue arabe. Ces articles de presse ont été rapatriés sans restriction quant à leur contenu et leur volume. La raison c'est que nous estimons que plus le corpus est varié, plus il sera représentatif et le plus important sera le nombre de marqueurs linguistiques qu'il contiendra (Keskes et al., 2010a). La taille moyenne des articles formant le corpus est de quatre pages. Quatre cent articles sont utilisés pour la réalisation et cinquante articles pour l'évaluation.

Puisque les documents de notre corpus sont de type HTML, notre méthode prend en

---

[3]Source : http://www.daralhayat.com

considération au niveau segmentation les balises HTML de mise en forme qui mettent en relief certains passages[4].

Ce corpus a été traité par trois experts linguistes qui ont sélectionné les phrases pertinentes et ont validé les règles et les relations rhétoriques.

2.2. Etude du corpus

Le but de notre étude est d'identifier les marqueurs linguistiques et les indices qui ont des valeurs importantes dans un article de presse et de repérer les *frames* (*règles* ou *patrons*) des relations rhétoriques. Les Frames sont des règles rhétoriques formées par des signaux linguistiques et des heuristiques observés qui sont principalement des marqueurs indépendants d'un domaine particulier mais qui ont des valeurs importantes dans un article de presse (Keskes et al., 2010b).

Ces règles rhétoriques sont appliquées pour déterminer les unités minimales (noyau ou satellite), pour déterminer les relations rhétoriques et pour la construction de *l'arbre RST*. Etant donné que dans la langue arabe les ponctuations (comme le point) ne signifient pas nécessairement la fin de la phrase, ces marqueurs sont utilisés par les auteurs pour lier entre deux phrases ou plus précisément entre deux idées. Ceux-ci sont les traces directes de l'intention énonciative de l'auteur du texte et les instruments qu'il utilise pour guider le lecteur dans son processus cognitif de compréhension (Alrahabi et al., 2006).

Nous avons commencé notre étude analytique du corpus par une analyse sémantique qui consiste à repérer les traits, marqueurs ou indices, caractérisant le contenu essentiel d'un article. Ces marqueurs sémantiques permettent de donner des valeurs sémantiques de l'information à retenir dans un texte puisqu'ils signalent les noms des relations qui relient les deux côtés du marqueur (segment avant marqueur et segment après marqueur). Ainsi, notre analyse sémantique du corpus est réalisée par une lecture sélective afin de filtrer les segments textuels correspondants à ces marqueurs pour dégager les indices de validation qui aident à la détermination des noms de relations entre ces segments. Les marqueurs qui forment les frames d'une relation rhétorique, ont un double rôle; premièrement le rôle de lier deux unités

---

[4] Dans le corpus réalisé, chaque paragraphe est délimité par la balise <P> et </P>, les titres sont délimités par les balises <font style="font-family : Simplified Arabic, AB Geeza, Times New Roman, Times; color : Black; font-size: 15pt;"> et </font>, et les sous-titres sont délimités par les balises <font style="font-family : Simplified Arabic, AB Geeza, Times New Roman, Times; color : Black; font-size: 13pt;"> et </font>. Ceci rend les articles structurés.

minimales[5] adjacentes, dont l'un possède le statut de noyau – segment de texte primordial pour la cohérence – et l'autre a le statut de noyau ou satellite – segment optionnel et deuxièmement les types des relations qui les relient (Christophe, 2001).

Cette étude nous a permis de repérer une vingtaine de relations rhétoriques formées par un ensemble de frames rhétoriques. Un frame rhétorique est constitué de marqueurs linguistiques.

Toutefois, Ces marqueurs peuvent être répertoriés en deux types (Minel, 2002) : marqueurs déclencheurs et indices complémentaires. Les marqueurs déclencheurs énoncent des relations qui sont pertinentes pour la tâche de résumé automatique, et ensuite à rechercher des indices complémentaires de validation dans un espace de recherche défini à partir de ce marqueur (dans le voisinage du marqueur) qui peuvent agir dans le contexte afin de confirmer ou d'infirmer le concept énoncé par ce marqueur (Keskes et al., 2010c).

A l'aide de ces marqueurs et des informations qui les portent, nous pouvons segmenter le texte en différentes unités textuelles à partir desquelles nous allons extraire, par le moyen d'autres critères (noyau et satellite), les unités les plus pertinentes. Ces unités textuelles appelées aussi segments vont être représentées sous forme d'arborescence en appliquant les règles rhétoriques et les nouvelles règles de l'approche proposée (Keskes et al., 2010b).

Dans cet exemple, nous donnerons des phrases repérées dans des articles du corpus afin de monter l'utilité des marqueurs principaux et des indices de validation:

وكانت أولى رواياته «عبث الأقدار» (1939) وتلتها «رادوبيس» (1943) ثم «كفاح طيبة»(1944) .
ولعلّ المقارنة بين روايات محفوظ اللاحقة وروايات قصيري قد تكشف العلاقة بين هذين الكاتبين اللذين لم
يجمعهما سوى العالم «السفليّ» الحافل بالغرائب والطرائف والمآسي، وبالشخصيات المهمّشة والبائسة،
الطيبة والشريرة.

Son premier roman a été «futilité Fate» (1939), suivi par «Radubis» (1943) puis «la lutte du bien (1944)». Peut-être la comparaison entre les nouvelles ultérieures de Mahfoud et celles de Kasiri pourraient révéler la relation entre ces deux écrivains qui ne les unissait que l'ici-bas plein d'histoires étranges comiques et tragiques de personnages marginalisés et pauvres, bons et méchants.

Marqueur principale

Indice de validation

Cet exemple nous montre l'importance des indices principaux et surtout les indices de

---

[5] Les auteurs de la RST définissent les unités minimales comme des unités fonctionnellement indépendantes : elles correspondent généralement aux propositions.

validation dans la détection des relations entre les unités de textes.

Ainsi, le marqueur "ولعلّ" déclenche la relation pondération "ترجيح" et l'indice "قد" confirme cette relation. Par contre le marqueur "سوى" déclenche la relation restriction "استثناء" alors que l'indice "لم" vient d'annuler cette relation et de la remplacer par la relation "حصر".

(1) لكنّ ألبير قصيري لم يكن نزيل غرفته في ذلك الفندق فقط، بل كان أحد وجوه الشارع وبعض مقاهيها الشهيرة،(2)   لا سيما مقهى «فلور» الذي كان يقضي فيه ساعات وحيداً أو مع أشخاص عابرين.

(1) Mais Albert Kasiry n'est pas un résident dans la chambre de cet hôtel uniquement, mais il a été l'un des gens connus dans la rue, et dans quelques de ses cafés célèbres, (2) surtout le café «Flor» où il passait quelques heures tout seul ou avec des personnes passagers.

Cette phrase contient une relation de spécification "تخصيص"entre la première unité minimale (1) et la deuxième unité minimale (2).

Une relation de spécification "تخصيص" a généralement le rôle de détailler ce qui est indiqué et de confirmer le sens, et de le clarifier.

Le frame suivant est utilisé pour détecter la relation rhétorique spécification :

Nom de relation :	{Spécification / تخصيص}
Contrainte sur (1) :	contient un/des indice(s) de validation {mais / بل, ne pas /لم, non /لا, etc.}
Contrainte sur (2)	contient le marqueur principale {ainsi / لا سيما}
Position de l'indicateur déclencheur	Milieu
Unité minimale retenue	(2)

Tableau 2.1 : Le frame rhétorique {Spécification / تخصيص}

A l'issue de notre étude du corpus, nous avons énuméré les relations rhétoriques suivantes :

	Condition / شرط
Liste des relations rhétoriques	Concession / استدراك
	Enumération / تفصيل
	Restriction / استثناء
	Confirmation / توكيد
	Réduction / تقليل
	Joint / ربط

Evidence / قاعدة
Négation / نفي
Exemplification / تمثيل
Explication / تفسير
Classement /ترتيب
Conclusion / استنتاج
Affirmation / جزم
Définition / تعريف
Pondération / ترجيح
Possibilité / إمكان
Restriction / حصر
Spécification / تخصيص

Tableau 2.2 : Liste des relations rhétoriques

Notons que quelques unes de ces relations rhétoriques sont communes à celles trouvées par Waleed (Mathkour et al., 2008).

2.3. Organisation des frames rhétoriques en relations

Il s'agit de construire les frames rhétoriques formés par des marqueurs (*marqueurs principaux et indices de validation*) de les classer selon les relations rhétoriques. Ainsi, nous aurons, dans la relation rhétorique, une liste de patrons linguistiques formés d'un ensemble d'unités linguistiques dont les catégories sont parfois hétérogènes (noms, verbes, connecteur, mots outils ou grammaticaux, etc.) mais qui remplissent toujours les mêmes fonctions sémantiques discursives (Keskes et al., 2010c).

Chaque règle contient le nom de la relation, un marqueur déclencheur, une liste d'indices complémentaires de validation qui peuvent être avant ou après ce marqueur déclencheur, la position du marqueur déclencheur qui peut être au début, au milieu ou à la fin de l'unité de texte et enfin l'unité(s) minimale(s) retenue(s) qui est le noyau.

Les tableaux 2.3 et 2.4 présentent quelques exemples de frames réparties selon les relations rhétoriques:

Nom de relation :	{négation /نفي }
Contrainte sur (1) :	contient un/des indice(s) de validation {أما , لكن ,بل }
Contrainte sur (2)	contient un de ces marqueurs principaux {لن , لم, ليس}
Position de l'indicateur déclencheur	Milieu

Unité minimale retenue	(1)

Tableau 2.3: Le frame rhétorique {négation / نفي}

Nom de relation :	{confirmation /توكيد}
Contrainte sur (1) :	contient un/des indice(s) de validation {prenant/ وإذ}
Contrainte sur (2)	contient un de ces marqueurs principaux { إن, لَقد , رغم، }
Position de l'indicateur déclencheur	Début
Unité minimale retenue	(2)

Tableau 2.4: Le frame rhétorique {confirmation /توكيد}

2.4. Enrichissement des classes de marqueurs

Selon la grammaire traditionnelle, le lexique arabe comprend trois catégories de mots : verbes, noms (substantifs et adjectifs) et particules (adverbes, conjonctions et prépositions). Les mots des deux premières catégories (verbes et noms) sont dérivés à partir d'une racine : une squelette de trois consonnes radicales le plus souvent (Baloul et al., 2002).

Une famille de mots peut, ainsi, être générée d'un même concept sémantique à partir d'une seule racine à l'aide de différents schémas.

Ce phénomène est une caractéristique de la morphologie arabe. Nous disons alors que l'arabe est une langue à racines réelles (Baloul et al., 2002) ; c'est-à-dire à partir d'une racine de trois consonnes par exemple, nous pouvons générer d'autres mots selon des schémas. Ces schémas sont des dérivés du schéma principal qui est celui de la racine.

Vu la particularité de la langue arabe au niveau morphologique (agglutination des mots) et au niveau de la vocalisation, nous avons procédé, pour les marqueurs collectés, par enrichir ce dictionnaire de variantes des expressions : les pronoms, les conjonctions et les particules qui se collent au mot (Keskes et al., 2010b).

Ainsi pour le mot "لكن", nous pouvons déduire "ولكن/لكنه/لكنهم/لكنني/لكننا ..." et pour le mot "قد", nous pouvons déduire "وقد/فقد".

Le deuxième procédé nécessaire à l'enrichissement des règles rhétoriques par d'autres marqueurs consiste à intégrer des synonymes pour un marqueur linguistique donné de la règle. Ainsi pour le mot " كذلك ", nous pouvons déduire " كما / إضافة".

Les tableaux 2.5, 2.6, 2.7, 2.8 et 2.9 présentent quelques exemples de frames réparties selon les relations rhétoriques enrichies :

Nom de relation :	{négation / نفي }
Contrainte sur (1) :	contient un/des indíce(s) de validation {أما ,بل, ولكن، لكنه، لكنهم، لكنني، لكننا، لكن}
Contrainte sur (2)	contient un de ces marqueurs principaux {لم ,لن، ولم، ليس، ليسوا، ليست}
Position de l'indicateur déclencheur	Milieu
Unité minimale retenue	(1)

Tableau 2.5 : Le frame rhétorique {négation / نفي}

Nom de relation :	{confirmation /توكيد}
Contrainte sur (1) :	contient un/des indíce(s) de validation {prenant/ وإذ}
Contrainte sur (2)	contient un de ces marqueurs principaux {لقد , إن ,انها، لئن،على رغم رغم، فإن، أنه }
Position de l'indicateur déclencheur	Début
Unité minimale retenue	(2)

Tableau 2.6 : Le frame rhétorique {confirmation /توكيد}

Nom de relation :	{pondération / ترجيح}
Contrainte sur (1) :	Rien
Contrainte sur (2)	contient un de ces marqueurs principaux {Peut-être لعل، ولعل، ولعله، ولعلها، ولعلهم}
Position de l'indicateur déclencheur	Début
Unité minimale retenue	(2)

Tableau 2.7 : Le frame rhétorique {pondération / ترجيح}

Nom de relation :	{condition /شرط }
Contrainte sur (1) :	contient un/des indíce(s) de validation {non / لا/ ما}
Contrainte sur (2)	contient un de ces marqueurs principaux {sans / لو / si , دون/من دون}

Position de l'indicateur déclencheur	Début
Unité minimale retenue	(1) et (2)

Tableau 2.8 : Le frame rhétorique {condition / شرط}

Nom de relation :	{explication / تفسير}
Contrainte sur (1) :	contient un de ces marqueurs principaux {de toute façon/ أي, ainsi /لذلك/ إضافة / كما /كذلك و }
Contrainte sur (2)	contient un/des indice(s) de validation {et/ و}
Position de l'indicateur déclencheur	Milieu
Unité minimale retenue	(1)

Tableau 2.9 : Le frame rhétorique {explication / تفسير}

3. Notre méthode

La méthode que nous proposons pour le résumé automatique des articles de presse en langue arabe se base principalement sur des techniques d'extraction moyennant des *critères linguistiques*.

Notre étude du corpus indique qu'il y a certains types d'unités minimales importantes qui sont généralement retenues pour un résumé d'un article de presse et que ces unités minimales peuvent être repérées en utilisant des frames ou des règles rhétoriques. Nous avons répertorié ces frames rhétoriques en des classes de relations rhétoriques (voir annexe A).

Notre méthode mobilise ces ressources linguistiques et utilise automatiquement les marqueurs linguistiques pour mieux focaliser la recherche et le repérage des informations pertinentes dans un texte. Cette étape de repérage permet d'attribuer des étiquettes rhétoriques aux différentes unités du texte source (Keskes et al., 2010a).

Notre proposition cible les besoins potentiels d'un utilisateur. En effet, une information n'est pas importante en soi, mais doit correspondre aux besoins d'un utilisateur. Nous offrons alors, à l'utilisateur, la possibilité de construire ses propres itinéraires à travers le texte et ce en choisissant les relations rhétoriques qui l'intéressent.

Il s'agit d'un résumé dynamique qui peut être généré selon un genre particulier: résumé indicatif (qui, quoi, etc.) ou résumé informatif (déductions et cause de l'événement, etc.) (Maâloul, 2007). Le résumé peut être aussi généré selon un profil utilisateur. En effet, un utilisateur peut préférer un résumé focalisant sur les unités minimales importantes (*noyaux*) qui décrivent les relations définitoires alors qu'un autre peut s'intéresser à un résumé focalisant sur les passages conclusifs, donc il peut choisir les relations qui lui conviennent (Keskes et al., 2010b).De cette manière, nous abordons la production d'un résumé dynamique en fonction des intérêts de l'utilisateur.

Afin de limiter le nombre de phrases tout en augmentant leur pertinence, nous proposons d'utiliser la technique de simplification d'arbre RST comme celle proposée par Udo Han (Hahn et al., 2000). Nous nous sommes inspirés de cette technique de simplification pour déterminer le rôle d'une expression propositionnelle dans un document en vue de tirer la structure de discours d'un texte. Cette technique élimine de l'arbre RST tous les descendants qui viennent d'une relation non retenue pour le résumé final. L'extrait final conserve seulement les unités minimales noyaux restantes dans l'arbre RST après simplification.

L'importance dédiée à notre méthode est l'utilisation des marqueurs principaux et des indices de validation pour déterminer les relations rhétoriques entre les segments du texte. De cette façon, nous pourrons dégager une seule relation rhétorique entre deux segments consécutifs et par la suite nous pouvons construire un seul arbre RST pour un texte donné. Par contre, dans la théorie de la structure rhétorique, un marqueur peut déclencher à la fois plusieurs relations rhétoriques, d'où la nécessité de choisir une relation parmi ces relations. Ce choix entraine la diversification d'arbres RST (soit un arbre pour chaque combinaison de relations possibles) (Mann et Thompson, 1988).

En résumé, outre l'utilisation classique de la technique RST pour présenter un texte sous une structure hiérarchique, notre proposition prend en considération lors de la sélection des phrases du résumé, les besoins potentiels d'un utilisateur et ce en exploitant le type et la sémantique des relations rhétoriques (définition, évidence, condition, conclusion, etc.).

3.1. Etapes de la méthode proposée

La méthode que nous proposons pour le résumé automatique de textes arabes repose sur la théorie de la structure rhétorique en l'adaptant au langage arabe et à la spécificité de cette langue. En effet, l'ajout de nouvelles règles rhétoriques favorise une analyse plus profonde du texte et une représentation rhétorique plus fidèle.

Outre l'utilisation classique de la théorie de la structure rhétorique déjà adoptée par le système de Waleed (Waleed et al, 2005a) sur le résumé de textes arabes, notre méthode tire profit du fait qu'elle cible les besoins potentiels d'un utilisateur, le type de résumé souhaité et ce en exploitant le type et la sémantique des marqueurs linguistiques et de bien définir d'une manière approfondie les relations rhétoriques avec la prise en compte de la cohérence discursive (Keskes et al., 2010a).

La mise en œuvre fonctionnelle de notre méthode est représentée dans la figure 2.1. Elle repose sur une segmentation à différents niveaux (titres, sections, paragraphes, phrases) ainsi que sur une recherche basée sur les règles rhétoriques qui peuvent être mis-à-jour par l'utilisateur et enfin sur le choix du type de résumé ou sa personnalisation par l'utilisateur pour choisir les relations à sélectionner.

Notre méthode comporte plusieurs étapes qui peuvent communiquer entre elles. Ces étapes sont indépendantes et peuvent être réutilisées dans d'autres méthodes.

Nous décrivons maintenant brièvement les étapes selon la numérotation de la figure 2.1.

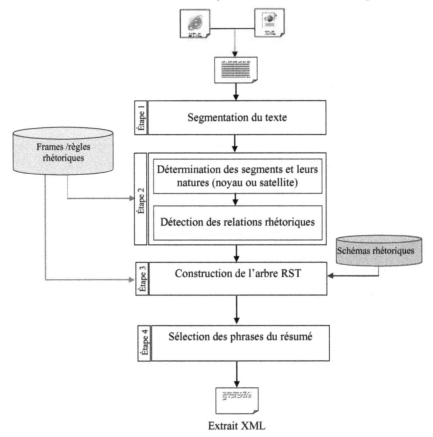

Extrait XML

Figure 2.1 : Principales étapes de la méthode proposée

3.2. Description détaillée de la méthode

Dans cette section nous décrivons en détail les différentes étapes composant notre méthode symbolique de résumé automatique des textes arabes.

3.2.1. Segmentation du document source

La segmentation de texte est une étape nécessaire pour la tâche du résumé automatique. Cette étape consiste à hiérarchiser et à structurer le texte source en différentes unités (titres, sections, paragraphes et phrases).

En effet, la segmentation de textes en phrases (segments textuels) reste une phase préalable pour le traitement automatique des langues (Mourad, 1999).
Il s'agit, à cette étape, de segmenter les textes de presse afin de déterminer les unités de traitement.

Signalons au passage une grande difficulté à ce niveau de traitement. En effet, à la différence des langues latines, la segmentation de textes arabes ne peut pas s'appuyer uniquement sur les signes typographiques et les majuscules (Maâloul, 2007).

Pour notre corpus constitué de textes en format HTML, nous utilisons un segmenteur pour la langue arabe basé sur les signes de ponctuation et sur un ensemble de balises HTML (Keskes et al., 2010a).

Signes de ponctuation	.	Point suivi par un espace
	:	Deux points
	!	Point d'exclamation
	?	Point d'interrogation
	،	Point virgule
	-	Tirée
Balises HTML	
	Retour chariot
	<P> et </P>	Début et fin de paragraphe
	<DIV> et </DIV>	
	<SPAN> et </SPAN>	

Tableau 2.10 : Critères de segmentation (Maâloul, 2007)

Cette étape de segmentation fournit en sortie un texte en format XML enrichi avec des balises encadrant les titres : <عنوان>...</عنوان>, les sections : <جزء>...</جزء>, les paragraphes : <فقرة>...</فقرة> et les phrases : <جملة>...</جملة>.

La deuxième étape de la segmentation est la segmentation des phrases en unités minimales en utilisant les indicateurs principaux des règles rhétoriques afin de descendre à un niveau plus bas dans l'analyse et mieux dégager les relations entre ces unités. Ces dernières sont encadrées par la balise <قطاع>...</قطاع>.

L'exemple ci-dessous montre le résultat de l'étape de segmentation:

وكانت أولى رواياته «عبث الأقدار» (1939) وتلتها «رادوبيس» (1943) ثم «كفاح طيبة» (1944) . ولعلّ المقارنة بين روايات محفوظ اللاحقة وروايات قصيري قد تكشف العلاقة بين هذين الكاتبين اللذين لم يجمعهما سوى العالم «السفليّ» الحافل بالغرائب والطرائف والمآسي، وبالشخصيات المهمّشة والبائسة، الطيبة والشريرة.

<عنوان/>...<عنوان>

 <جزء>

  ...

  <فقرة >

   <جملة>

    <قطاع/>وكانت أولى رواياته «عبث الأقدار» (1939)<قطاع>

    <قطاع/>وتلتها «رادوبيس» (1943)<قطاع>

    <قطاع/> ثم «كفاح طيبة» (1944) <قطاع>

   <جملة/>

   <جملة>

    <قطاع> ولعلّ المقارنة بين روايات محفوظ اللاحقة وروايات قصيري قد تكشف العلاقة بين هذين

    الكاتبين اللذين لم يجمعهما

     <قطاع/>

     سوى العالم «السفليّ» الحافل بالغرائب والطرائف والمآسي، وبالشخصيات المهمّشة <قطاع>

     والبائسة، الطيبة والشريرة.

     <قطاع/>

    <جملة/>

    ...

  <فقرة/ >

  ...

 <جزء/>

3.2.2. Application des règles rhétoriques

3.2.2.1. Choix du type de résumé

C'est le type de résumé qui indique les relations rhétoriques adéquates pour sa génération. Notons que notre proposition cible les besoins potentiels d'un utilisateur. En effet, une information n'est pas importante en soi, mais doit correspondre aux besoins d'un utilisateur. Nous offrons alors, à l'utilisateur, la possibilité de construire ses propres itinéraires à travers le texte et ce en choisissant les relations rhétoriques qui l'intéressent.

Il s'agit d'un résumé dynamique qui peut être généré selon le type de résumé indicatif (qui, quoi, etc.). Le résumé peut être aussi généré selon un profil utilisateur. En effet, un utilisateur peut préférer un résumé focalisant sur les unités minimales importantes (noyaux) qui décrivent les relations définitoires alors qu'un autre peut s'intéresser à un résumé focalisant sur les passages conclusifs. De cette manière, nous abordons la production d'un résumé dynamique en fonction des intérêts de l'utilisateur.

Ainsi, suite à l'étude analytique menée sur une centaine de résumés réalisés par trois experts, nous avons remarqué que généralement, un expert résume le texte selon le type de résumé indicatif. Pour cela, nous avons dégagé les relations rhétoriques les plus utilisées par ces experts dans le résumé. La liste de relations rhétoriques dégagées est présentée dans le tableau 2.11.

Liste des relations rhétoriques	Condition / شرط
	Concession / استدراك
	Restriction / استثناء
	Confirmation / توكيد
	Evidence / قاعدة
	Négation / نفي
	Classement /ترتيب
	Affirmation / جزم
	Définition / تعريف
	Restriction/حصر

Tableau 2.11 : Liste des relations rhétoriques retenues pour le type de résumé indicatif.

3.2.2.2. Détermination du segment Noyau et Satellite

Cette étape consiste à repérer les indicateurs principaux dans les phrases déjà segmentées et à préciser leurs positions dans l'unité minimale afin d'appliquer les règles rhétoriques, en cherchant les indices complémentaires.

Dans cette étape, nous allons donner pour chaque unité minimale un statut qui indique l'importance de cette unité par rapport à la phrase ou pour lui donner plus d'importance par rapport à une autre unité minimale. Le statut peut être un noyau ou un satellite.

Le noyau est un segment de texte qui comporte une information très pertinente. C'est un élément essentiel pour comprendre l'intention de l'auteur. Lorsqu'on élimine le noyau, nous ne pouvons pas comprendre le sens de la phrase. De même, un satellite est un segment de texte mais qui comporte une information moins pertinente que le noyau. Donc, le noyau est un segment de texte primordial pour la cohérence et le satellite est un segment optionnel (Keskes et al., 2010b).

3.2.3. Détection des relations rhétoriques

Cette étape consiste à chercher les indices complémentaires de validation au voisinage de l'indicateur principal, c'est-à-dire le segment qui contient l'indicateur principal et le segment qui le précède. C'est l'indicateur principal qui signale la relation rhétorique entre ces deux segments et c'est le rôle des indices complémentaires de confirmer ou non cette relation et de valider aussi le statut des deux segments.

Cette technique nous permet une analyse plus profonde en tenant compte de la spécificité de la langue arabe sachant qu'on a des relations qui peuvent donner des sens proches comme les relations "تفصيل" et "تفسير" et aussi "استثناء" et "حصر".

Ainsi, le dernier exemple va être représenté comme suit:

‹عنوان›...‹/عنوان›

‹جزء›

...

‹ فقرة›

‹جملة›

‹ نوع="نواة" تقليل ›

‹ نوع = "نواة" ترتيب ›(1939) «عبث الأقدار» وكانت أولى رواياته ‹/ترتيب ›

‹ نوع = "نواة" ترتيب ›(1943) «رادوبيس» وتلتها ‹/ترتيب ›

‹ نوع = "نواة" ترتيب ›(1944) « كفاح طيبة» ثم ‹/ترتيب ›

‹/تقليل ›

‹/جملة›

‹جملة›

‹ نوع = "نواة" حصر ›

‹ نوع = "فرع" تقليل ›قد تكشف ولعل المقارنة بين روايات محفوظ اللاحقة وروايات قصيري

العلاقة بين هذين الكاتبين

الذين لم يجمعهما

< تقليل />

< حصر/>

سوى العالم «السفليّ» الحافل بالغرائب والطرائف والمآسي، < حصر "نواة"= نوع>

وبالشخصيات المهمّشة والبائسة، الطيبة والشريرة.

< حصر/>

<جزء/ه < />... < فقرة/ة < />... <جملة/>

Les relations sont déduites à partir de la base des frames rhétoriques. Ainsi, les frames sont des règles rhétoriques formées par des critères linguistiques et des heuristiques. Les résultats de l'application des règles rhétoriques sont utilisés par la suite pour construire l'arbre rhétorique RST.

3.2.4. Construction de l'arbre RST

Une fois l'étape de détection du type des unités minimales et des différentes relations rhétoriques qui existent entre elles est achevée, un autre élément s'ajoute à notre technique afin de spécifier la composition structurale du texte, qui sont les *schémas rhétoriques* (Mann et Thompson, 1988). En effet, la construction de l'arbre RST se fait à partir de l'application d'un certain nombre de schémas.

Ces *schémas rhétoriques* décrivent l'organisation structurelle d'un texte, quelque soit le niveau hiérarchique de ce dernier. Ils permettent de lier un *noyau* et un *satellite*, deux ou plusieurs *noyaux* entre eux, et un *noyau* avec plusieurs *satellites* (Marcu, 1999).

Ainsi, les *schémas rhétoriques* se présentent sous la forme de cinq *modèles de schémas* (figure 2.2) qui peuvent être utilisés récursivement pour décrire des textes de taille arbitraire. Généralement, le schéma le plus utilisé est celui liant un *satellite* unique à un *noyau* unique.

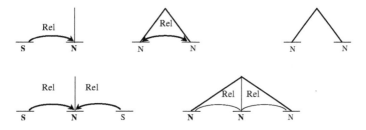

Figure 2.2: Schéma rhétorique de base de la technique RST (Mann et al., 1988).

Les deux exemples suivants présentent deux interprétations RST (voir figure 2.3 et 2.4) déduites à partir des modèles de schémas présentés précédemment:

تشتهر مدينة صفاقس بتقديم أطباق ثمار البحر على أنواعها. (1) عندما يرتاد زوار مدينة صفاقس،(2) فإنهم يطلبون باستمرار أطباق ثمار البحر وخاصة طبق المحار والإخطبوط المشوي على الفحم.(3)

Il est à signaler que le jugement d'appartenance à la relation rhétorique " *Evidence /* قاعدة" est attribué aux unités minimales (1) et (2). Cette attribution est faite en se basant sur *l'indicateur déclencheur* de recherche "عندما". Alors que la relation rhétorique " *Condition /* شرط " attribué aux unités minimales (2) et (3). Cette attribution est faite en se basant sur *l'indicateur déclencheur* de recherche "خاصة" et *indices complémentaires* " فإنهم".

La technique RST réagira à cet exemple comme suit et nous aurons comme résultat l'arbre suivant :

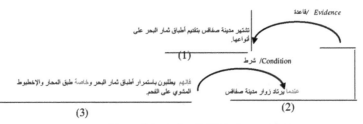

Figure 2.3 : Arbre RST de l'exemple 1

ولعل(استدراك) **اتفاق الدوحة مرآة النهج هذا وجوانبه المختلفة والمتصلة.(1)** فهو(تفصيل) **نقل المعالجة،(2)** أي(تفسير) **التسكين والتعليق الموقتين، من جامعة الدول العربية، وأمينها العام «المصري «والخاوي الوفاض (من المال والسلاح(3)** إلا (استثناء) **من التكليف المعنوي، الى لجنة وزارية سباعية على رأسها قطر و 'رأساها'.(4)**

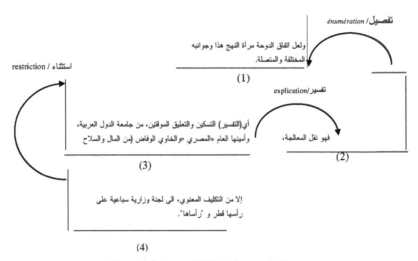

Figure 2.4: Arbre RST de l'exemple 2

Aussi, nous avons utilisé d'autres règles dégagées selon une étude empirique et validées par des linguistes pour prendre en considération la majorité des cas particuliers rencontrés lors de la construction d'arbres. Ces règles permettent de traiter aussi les cas où nous n'avons pas de relations entre les phrases et assurent ainsi le maximum possible de couverture pour le texte.

Afin de déterminer l'arbre RST le plus approprié pour le texte, nous avons essayé d'étudier le corpus et la manière dont l'auteur l'a écrit.

En effet, les auteurs veulent principalement donner un message aux lecteurs. Ce message est mentionné comme plusieurs faits; cependant, l'étude que nous avons faite sur le corpus prouve que les auteurs tendent à mentionner ces faits dans l'ordre, et chaque fait est suivi par des rapports qui le soutiennent.

A travers cette étude empirique, nous avons pu dégager quelques règles représentées dans le tableau 2.12:

Règles	Si (Indice principal est au début de la phrase) alors la relation détectée relie cette phrase avec la phrase précédente.
	Si (Indice principal est à la fin de la phrase) alors le segment qui contient cet indice est le seul qui contribue à la définition de la relation.
	Si (on a une ou plusieurs phrases qui n'admettent pas de relation entre elles) et (l'indice principal qui les suit est au début de la phrase) alors la relation relie toutes les phrases qui précèdent cet indice avec la phrase où il se trouve.
	Si (on a une ou plusieurs phrases qui n'admettent pas de relation entre elles) et Si (le marqueur qui les suit est au milieu de la phrase) alors ces phrases sont « le segment après » du marqueur qui précède ce marqueur là.
	Si (on a les relations ترتيب, ربط ou إضافة) alors nous restons toujours dans le même niveau dans l'arbre.
	Si (on a les relations تفصيل, تفسير ou تمثيل) alors nous descendons d'un niveau dans l'arbre.

Tableau 2.12: Règles de construction d'arbres

La première règle exprime le fait que s'il existe un marqueur principal, qui déclenche une relation rhétorique, situé au début de la phrase, alors cette relation relie entre le segment qui contient le marqueur principal et la phrase qui la précède. Car, sémantiquement, cette relation doit être subordonnante ou coordonnante de la relation rhétorique qu'elle précède et non pas le segment qu'il précède (Keskes et al., 2010b).

L'exemple suivant illustre l'utilité de cette règle :

وكان الرئيس السوري توقع ان يحذو لبنان حذو بلده، ويفاوض الدولة العبرية حال دخول مفاوضاته هو المرحلة التالية، المباشرة.(1) ولكنه(استدراك)، من وجه آخر، علق المراحل اللاحقة من المفاوضة، وهذه مرجأة الى أوائل 2009 (على ما توقع ايهود باراك، وزير الدفاع الإسرائيلي)، على الوساطة الأميركية وضماناتها.(2) وأما (استدراك) الرأي الأميركي، وهو صدر عن مركز أبحاث واستشارات وليس عن منصب قرار، فاستبعد لبنان من دائرة الموضوعات الأميركية – السورية المشتركة، وحمل الإدارة على التمسك بالمحكمة الدولية واستقلال لبنان عن التدخل السوري من غير تراخ ولا مساومة.(3)

Dans cet exemple la relation rhétorique "Concession / استدراك", signalée par le marqueur déclencheur "ولكنه", relie les deux segments (1) et (2). La deuxième relation rhétorique "Concession / استدراك" est signalée par le marqueur déclencheur "وأما" qui est au début de la phrase. Alors cette relation doit relier non seulement le segment (3) avec le segment (2) mais le segment (3) avec les segments (1) et (2).

La deuxième règle exprime le fait que si le marqueur principal est situé à la fin de la phrase alors il signale une relation rhétorique qui englobe seulement le segment qui contient ce marqueur, c'est une relation rhétorique unaire.

L'exemple suivant illustre la deuxième règle :

أما من داخل تلك الأحياء التي شهدت معارك في الأيام الفائتة فلا اثر لتلك القسمة.(1) إنها معارك بين باب التبانة السنية وبعل محسن العلوية، فقط (حصر). (2)

Dans cet exemple, la relation rhétorique "Restriction /حصر" est signalée par le marqueur principal " فقط ". C'est une relation unaire qui n'englobe que le segment (2).

La troisième règle exprime le fait que s'il existe des phrases successives qui n'ont pas de relations rhétoriques entre elles et si le marqueur principal qui les suit est situé au début de la phrase, alors ce marqueur signale une relation rhétorique reliant le segment qui le contient et toutes ses phrases qui le précèdent.

Cet exemple illustre la deuxième règle :

فرض هذا الحراك الشعبي على مجلس النواب التحرك خارج دورته العادية.(1) فعقد اجتماعاً مع رئيس الوزراء نادر الذهبي منتصف أيار (مايو) للتداول في شائعات بيع الأصول.(2) وعبّر غالبية النواب الـ110 عن رفضهم للصفقات «البليونية» بسبب الغموض الذي يكتنفها.(3) ولكن(استدراك) الذهبي، الذي شكّل حكومته قبل ثمانية أشهر، أكد أن أي صفقة لم توقع بعد ووعد النواب بإخبارهم عن أي تحرك في الأفق.(4)

Dans cet exemple, la relation rhétorique "Concession / استدراك" signalée par le marqueur principal " ولكن" relie le segment (4) avec les segments (1), (2) et (3).

Pour la cinquième et la sixième règle nous faisons distinction entre les relations rhétoriques subordonnantes et les relations rhétoriques coordonnantes.

3.2.5. Sélection des phrases du résumé

Une fois l'arbre généré, nous allons faire l'élagage (simplification de l'arbre) selon le type de résumé indicatif ou les relations choisies par l'utilisateur tout en tenant compte des segments noyaux.

Ce ne sont pas tous les noyaux qui sont conférés importants. En effet, l'étape de sélection des unités minimales importantes (noyaux), profite des relations entre les structures de discours pour en décider le degré de leur importance.

L'extrait final affiche les unités noyaux retenues après la simplification de l'arbre RST.

La simplification de l'arbre, prendra en considération la liste des relations retenues par l'utilisateur. En cas où ce dernier ne précise aucun choix, le système détermine automatiquement les relations retenues pour le type de résumé indicatif. En effet, la réduction de l'arbre RST se fait par la suppression de tous les descendants qui viennent d'une relation rhétorique non choisie par l'utilisateur (Keskes et al., 2010a).

4. Conclusion

Dans ce chapitre, nous avons présenté en premier lieu une étude du corpus utilisé puis dans un deuxième lieu nous avons dégagé les unités linguistiques caractérisant le contenu essentiel d'un article de presse.

Ces unités ont été organisées par la suite en règles rhétoriques. A la fin de ce chapitre nous avons décrit d'une manière détaillée les étapes de la méthode proposée pour le résumé automatique de documents en langue arabe. Nôtre méthode se base sur la technique RST : Technique de la Structure Rhétorique (Mann et Thompson, 1988), qui utilise des connaissances purement linguistiques. Le but de notre proposition est d'hiérarchiser le texte sous la forme d'un arbre afin de déterminer les phrases *noyaux* formant le résumé final, qui tiennent en compte le type des relations rhétoriques choisies pour l'extrait (Keskes et al., 2010a).

Le chapitre suivant présente la conception et la réalisation du système ARSTResume qui se base sur la méthode proposée.

Chapitre 3 : Conception et réalisation du système ARSTResume

1. Introduction

Après la présentation de l'étude réalisée sur notre corpus et la proposition d'une méthode pour le résumé automatique de documents simples[6] en langue arabe, nous présentons dans ce chapitre la conception et la réalisation du système ARSTResume.

Pour la conception de ce système, nous avons utilisé le langage de modélisation UML. Nous avons utilisé le diagramme de cas d'utilisation, le diagramme de classe et le diagramme de séquence pour modéliser les différentes étapes et modules de ce système.

Pour la réalisation de ce système, nous avons utilisé le langage de programmation Java sous la plateforme Jbuilder version 10.x. Le système réalisé permet de générer des extraits automatiques (en format XML) à partir des articles de presse en format HTML/XML (Keskes et al., 2010a) en se basant sur des bases de règles rhétoriques représentées sous format XML.

Pour cela, nous commençons par la conception du système ARSTResume, puis nous décrirons la réalisation de ce système en appliquant cette conception.

2. Conception UML du système ARSTResume

Dans ce qui suit, nous présentons la conception de notre système ARSTResume. Pour cela nous décrivons les trois principaux diagrammes d'UML, à savoir le diagramme de cas d'utilisation, le diagramme de séquence et le diagramme de classes.

---

[6] Documents simples : nous traitons des documents non multiples.

2.1. Diagramme de cas d'utilisation

Les diagrammes de cas d'utilisation sont indispensables à la modélisation du comportement d'un système, d'un sous système ou d'une classe. Un diagramme de cas d'utilisation est un diagramme qui montre l'ensemble de cas d'utilisation et d'acteurs, ainsi que leurs relations. Un cas d'utilisation décrit un ensemble de séquences d'actions, y compris des variantes, un système exécute pour produire un résultat tangible pour un acteur. Un acteur est un ensemble cohérent de rôles joués par les utilisateurs des cas d'utilisation en interaction avec ces cas d'utilisation.

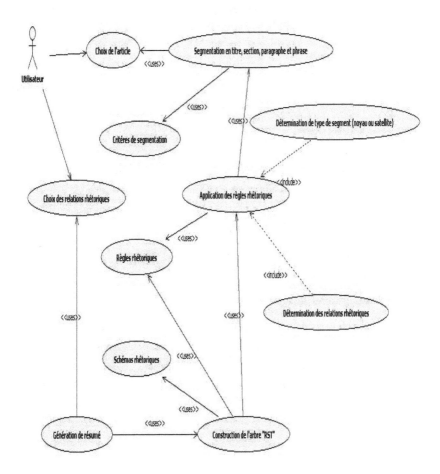

Figure 3.1: Diagramme de cas d'utilisation du système
ARSTResume

Ce diagramme montre les étapes suivies par notre système pour générer un extrait. Ce dernier cible les besoins potentiels d'un utilisateur et ceci en exploitant la sémantique des marqueurs linguistiques et les relations rhétoriques, retenues pour l'extrait final, choisis par l'utilisateur.

Lorsqu'un utilisateur choisit un document, celui ci subit une étape de segmentation à différentes unités plus petites : *titre, section, paragraphe, phrase*.

Chaque phrase segmentée subit à son tour une annotation basée sur une analyse rhétorique. Cette analyse rhétorique consiste à repérer les indicateurs principaux et les indices complémentaires en appliquant les règles rhétoriques afin de déterminer le type de segment (*Noyau* ou *Satellite*) et la relation rhétorique qui existe entre deux segments adjacents.

Après avoir appliqué les règles rhétoriques, les segments annotés subissent une transformation en structures hiérarchiques (*arbre RST*). Ces structures hiérarchiques décrivent l'organisation structurelle du texte source en appliquant un certain nombre de *règles* et de *schémas rhétoriques* pour construire l'arbre RST. Cet arbre représente le texte sous forme arborescente.

Pour générer l'extrait final, l'arbre RST subit une opération d'élagage ou de simplification. Cette opération consiste à éliminer tous les descendants qui forment des relations non retenues pour le résumé final. En effet, cette opération fait recours au type de relations rhétoriques choisis par l'utilisateur.

Enfin, l'extrait final conserve seulement les unités minimales noyaux restantes dans l'arbre RST après simplification (Keskes et al., 2010a).

2.2. Diagramme de classes

Les diagrammes de classes sont les diagrammes les plus courants dans la modélisation des systèmes orientés objet. Ils représentent un ensemble de classes, d'interfaces et de collaborations ainsi que leurs relations. Nous utilisons les diagrammes de classes pour modéliser la vue de conception statique d'un système (Booch et al., 1999).

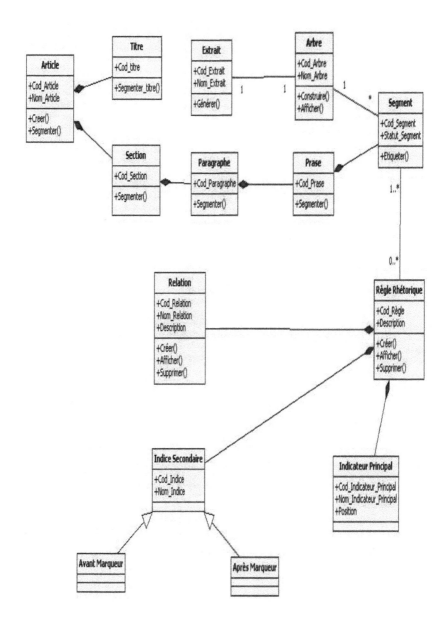

Figure 3.2: Diagramme de classes du système ARSTResume

Le diagramme de classe du système : ARSTResume est constitué d'un ensemble de classes décrit comme suit (voir figure 3.2) :

- La classe *"article"* qui représente l'article à analyser. Un article est composé d'un titre et d'une ou de plusieurs sections, chaque section est composée d'un ou de plusieurs paragraphes et chaque paragraphe est composé d'une ou de plusieurs phrases, chaque phrase est composée à son tour en segments.

Un article peut être créé et segmenté.

- La classe *"titre"* désigne le titre de l'article. Chaque article a un titre détecté, lors de la segmentation, à partir des balises HTML.

- La classe *"section"* qui regroupe l'ensemble des sections de l'article. Ces sections sont détectées à partir des balises HTML.

- La classe *"paragraphe"* regroupe l'ensemble des paragraphes de la section.

- La classe *"phrase"* regroupe l'ensemble des phrases du paragraphe.

- La classe *"segment"* regroupe l'ensemble des segments de la phrase. Chaque phrase peut être segmentée en segments selon des marqueurs linguistiques, car il ne suffit pas de segmenter le texte Arabe selon des critères de ponctuations.

- La classe *"règle rhétorique"* regroupe l'ensemble des règles rhétoriques utilisées pour la détection de la nature des segments et les relations rhétoriques reliant ces segments.

- La classe *"indicateur principal"* contient l'indicateur principal utilisé par la règle rhétorique. C'est un indicateur déclencheur énonçant des concepts importants et qui sont pertinents pour la tâche de résumé automatique.

- La classe *"indice secondaire"* regroupe l'ensemble des indices complémentaires relatifs à un indicateur principal. Ces indices sont utilisés par la règle rhétorique pour confirmer ou infirmer la relation rhétorique signalée par l'indicateur principal.

- La classe *"relation"* regroupe l'ensemble des relations rhétoriques qui peuvent relier deux segments adjacents.

- La classe *"arbre"* contient l'arbre RST construit à partir des segments de texte en appliquant les règles rhétoriques.

- La classe *"extrait"* regroupe l'ensemble des phrases les plus pertinentes selon les relations rhétoriques indiquées par le type de résumé choisi par l'utilisateur.

2.3. Diagramme de séquence

Un diagramme de séquence est un diagramme d'interaction qui met l'accent sur le classement des messages par ordre chronologique. Un diagramme de séquence est un tableau dans lequel les objets sont rangés le long de l'axe des ordonnées. Un diagramme d'interaction montre une interaction, c'est-à-dire un ensemble d'objet et leurs relations, ainsi que les messages qui peuvent circuler entre eux (Booch et al., 1999).

D'après le diagramme de séquence, lorsque l'utilisateur du système ARSTResume choisit un article dans une interface du système, ce dernier système segmente cet article en sous unités (*titre, sections, paragraphes, phrases*). Chaque phrase segmentée va subir un traitement linguistique en appliquant les règles rhétoriques. Après ce traitement, le système génère un fichier qui contient l'ensemble des phrases segmentées en unités minimales étiquetés par leurs natures (*noyau* ou *satellite*) et les relations rhétoriques qu'elles relient.

A travers ces segments étiquetés, le système représente le texte sous forme hiérarchique (arbre RST) en appliquant un certain nombre de *règles et de schémas rhétoriques* (Keskes et al., 2010c).

Ainsi, l'importance d'une phrase, dans un article, se mesure par sa richesse en marqueurs linguistiques indiquant une relation rhétorique choisie par l'utilisateur.

Pour cela, la phase de génération de l'extrait consiste à simplifier ou élaguer l'arbre RST en éliminant tous les descendants qui forment des relations non retenues par l'utilisateur.

L'extrait final ne gardera que les unités minimales noyaux des phrases présentent une relation rhétorique retenue par l'utilisateur (Keskes et al., 2010a).

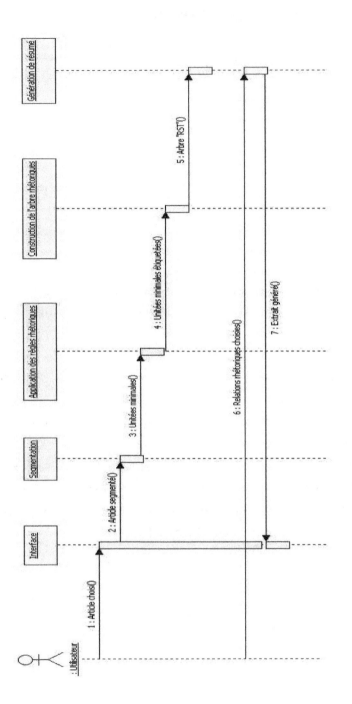

Figure 3.3: Diagramme de séquence du système ARSTResume

3. Présentation du système ARSTResume

Dans cette section, nous présentons l'interface de notre système ARSTResume qui permet en plus de l'analyse du document et la génération de son extrait, la mise-à-jour des marqueurs linguistiques, des règles rhétoriques (qui ont été intégrées dans une base d'indicateurs), des relations rhétoriques et des critères de segmentation.

3.1. Présentation de la base des connaissances linguistiques

L'architecture du système ARSTResume préconise un gestionnaire de base de données XML qui nous a permis d'organiser et de gérer nos connaissances linguistiques. Ces connaissances ont été déclarées dans quatre fichiers XML :

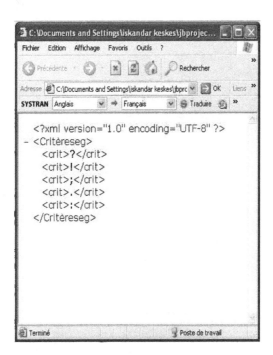

Figure 3.4: Les critères de segmentation

Cette figure représente un fichier XML qui contient des critères de segmentation utilisés lors de la segmentation du texte source. Ces critères peuvent être mis à jour à partir du système ARSTResume. A part ces critères de segmentation, nous avons pris en considération les balises «
 » du format HTML, le retour chariot et le retour à la ligne.

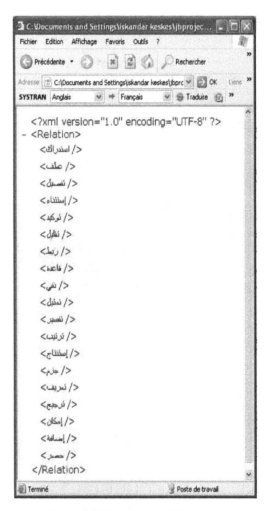

Figure 3.5: Les relations rhétoriques

Cette figure présente un fichier XML contient les relations rhétoriques dégagées à partir du corpus. Ces relations sont utilisées pour relier deux segments adjacents de texte source après avoir appliqué les règles rhétoriques. Ainsi, ces relations rhétoriques peuvent être mises à jour à partir du système ARSTResume.

Figure 3.6: Les règles rhétoriques

Cette figure présente un fichier XML qui contient les règles rhétoriques utilisées par le système ARSTResume. A travers ces règles rhétoriques, le système segmente les phrases en unités minimales, détecte ses types (noyau ou satellite) et détecte les relations rhétoriques entre ces unités minimales. Ainsi, ces règles rhétoriques peuvent être mises à jour à partir du système ARSTResume.

Figure 3.7: Le type de résumé indicatif

Cette figure représente un fichier XML qui contient le type de résumé indicatif. Ce sont les relations rhétoriques utilisées par le système pour générer un résumé indicatif. Notons que ce type est un type de résumé utilisé par défaut si l'utilisateur n'a pas choisi un type ou n'a pas personnalisé son type de résumé (c'est-à-dire n'a pas choisi les relations rhétoriques utilisées pour la génération de l'extrait) (Keskes et al., 2010b).

3.2. Du texte brut aux extraits - démarche à suivre

Le processus a utilisé pour générer un résumé automatique à partir d'un texte Arabe est le suivant :

a) Chargement du système ARSTResume;

b) Chargement du texte T sur lequel sera effectuée la génération de résumé ;

c) Segmentation du texte T par le segmenteur relatif aux critères de segmentation;

d) Détermination du type des segments et les relations rhétoriques;

e) Construction de l'arbre RST;

f) Choix ou personnalisation du type de résumé;

g) Simplification de l'arbre RST;

h) Génération de l'extrait;

3.2.1. Démarrage du système ARSTResume

Le système que nous avons développé utilise en entrée des textes de format HTML ou XML. Ces formats, illustrés par des balises de mise en forme, nous offrent des informations sur la structure logique (titres, sections, etc.) du texte. En effet, notre segmenteur utilise ces balises de mise en forme, ainsi que les signes de ponctuations pour appliquer des règles de segmentation afin de reconnaître les sections avec leurs titres, les paragraphes, les phrases, etc. Ainsi, une représentation reflétant l'organisation structurelle du texte est construite.

Lors du lancement du système ARSTResume, une fenêtre de démarrage s'ouvre et le système charge les éléments nécessaires à son fonctionnement : les critères de segmentation, les règles rhétoriques, etc. cette opération allège par la suite le traitement du système et son temps de réponse (voir figure 3.8).

Figure 3.8 : Fenêtre de démarrage

3.2.2. Chargement du texte

Après le démarrage du système, l'utilisateur choisit l'article qu'il veut générer son résumé à travers le menu Fichier puis Ouvrir. L'article peut être de format HTML, XML ou TXT et de taille arbitraire, mais il doit être codé selon le codage UTF-8 ou un autre codage qui supporte la langue arabe. Ainsi, l'utilisateur peut mettre à jour les critères de segmentations.

Figure 3.9: Chargement du texte

3.2.3. Segmentation du texte

Après le chargement du texte, l'utilisateur procède à l'étape de segmentation. Il clique sur segmentation: soit en utilisant la barre de menu, soit le menu à droite. Ainsi, l'utilisateur peut enregistrer le texte segmenté sous format XML.

Figure 3.10: Segmentation du texte

3.2.4. Détermination des relations rhétoriques

Après la phase de segmentation du texte, le système doit détecter le type des segments textuels ainsi que les relations rhétoriques qu'elles relient en se basant sur les règles rhétoriques. Ainsi, l'utilisateur peut mettre à jours ces règles et relations rhétoriques.

Figure 3.11: Détermination des relations rhétoriques

3.2.5. Construction de l'arbre RST

La phase de construction de l'arbre est réalisée à travers l'application des schémas rhétoriques définis par Mann et Thompson (Mann et Thompson, 1988) et quelques règles rhétoriques parmi notre base des règles. Nous avons utilisé dans cette phase une nouvelle bibliothèque (JGraph X 2010) pour représenter l'arbre RST graphiquement.

3.2.6. Choix ou personnalisation du type de résumé

Dans cette étape, l'utilisateur doit fixer les relations rhétoriques retenues pour le résumé. Il peut soit utiliser le type indicatif, dans ce cas le système va fixer automatiquement les relations rhétoriques utilisées pour ce type, soit choisir les relations rhétoriques appropriées.

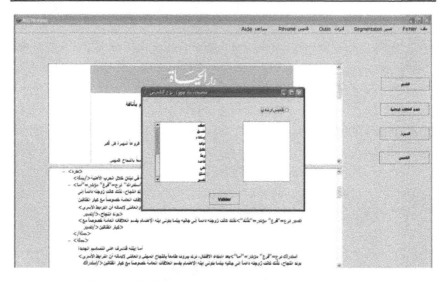

Figure 3.12: Choix ou personnalisation du type de résumé

3.2.7. Simplification de l'arbre RST

La simplification de l'arbre prendra en considération la liste des relations retenues par l'utilisateur. Au cas où ce dernier ne précise aucun choix, le système détermine automatiquement les relations retenues pour le type de résumé indicatif.

La réduction de l'arbre RST se fait par la suppression de tous les descendants qui viennent d'une relation rhétorique non retenue.

Figure 3.13: Génération de l'extrait

3.2.8. Sélection des phrases du résumé

Pour le résumé, ce ne sont pas tous les noyaux qui sont conférés importants. En effet, l'étape de sélection des unités minimales importantes - noyaux, profite des relations entre les structures de discours pour en décider le degré de leur importance.

L'extrait final affiche les unités noyaux retenues après la simplification de l'arbre RST.

4. Conclusion

Nous avons présenté dans ce chapitre la mise en œuvre du système ARSTResume en commençant par sa conception basée sur le langage de modélisation UML. Cette conception a été concrétisée dans trois diagrammes à savoir : diagramme de cas d'utilisation, diagramme de classe et diagramme de séquence. Puis, nous avons présenté l'exécution de ce système à travers ses différentes interfaces. Nous avons utilisé une séquence d'étapes d'exécution pour expliquer et détailler les différents modules.

Dans le chapitre suivant, nous présentons l'évaluation du système ARSTResume sur un corpus d'évaluation et nous comparons ce système avec les résumés des experts humains.

Chapitre 4 : Evaluation du système ARSTResume

1. Introduction

L'évaluation des systèmes de résumés constitue un sujet émergent. Elle concerne le contenu et la qualité des résumés produits. L'évaluation du contenu vérifie si le système automatique est capable d'identifier les thèmes principaux du document source. Alors que l'évaluation de la qualité teste la lisibilité et la cohérence du résumé (Khemakhem, 2004).

Dans ce chapitre, nous allons procéder à l'évaluation de la performance et la pertinence des résumés générés par notre système ARSTResume, à l'aide d'une étude comparative qui mettra en jeu les résultats générés par notre système avec ceux réalisés par trois experts humain [7]. Cette étude fait appel au calcul des mesures de rappel, de précision et de *F-Mesure* sur un corpus de test formé par cinquante articles de journaux qui ont été rapatriés à partir du site Web de la magazine *Dar al Hayat*. Nous terminons ce chapitre par une discussion qui portera sur les résultats obtenus tout en mettant l'accent sur les avantages et les inconvénients de notre système.

2. Expérimentations et résultats

Dans ce qui suit, nous donnerons les formules permettant de mesurer respectivement le *rappel*, la *précision* et la *F-Mesure*. Les formules données sont inspirées des travaux réalisés par Jean-Luc Minel (Minel, 2002).

---

[7] Trois experts inspecteurs de l'enseignement secondaire.

2.1. Calcul des mesures de rappel et de précision

L'évaluation de résumés a souvent été abordée sous l'angle de l'informatique documentaire en utilisant notamment des critères issus de cette discipline, comme le rappel, et la précision. Rappelons que ces deux mesures sont calculées, pour une requête qui cherche des phrases dans un fond textuel, à partir des trois paramètres suivants : (Minel, 2002).

- P nombre de phrases non pertinentes fournies par le système ;
- Q nombre de phrases pertinentes fournies par le système ;
- R nombre de phrases pertinentes présentes dans un fond textuel et non fournies par le système.

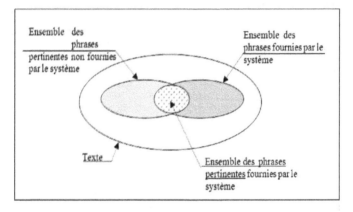

Figure 4.1: Paramètres de calcul de la précision et du rappel

Notons que le rappel, la précision et la *F-Mesure* sont des mesures standards utilisées dans l'évaluation des systèmes de Recherche d'Information (RI) et d'Extraction d'Information (EI) (Cole, 1995). Pour les deux mesures rappel et précision, nous utilisons ici celles décrites par (Minel, 2002) comme suit :

- La précision permet d'évaluer le niveau du bruit du système :

$$\text{Précision} = \frac{Q}{(Q + P)}$$

- Le rappel permet d'évaluer le niveau du silence du système :

$$\text{Rappel} = \frac{Q}{(Q + R)}$$

- La F-Mesure permet de pondérer l'importance de chacun des paramètres rappel et précision.

$$\text{F-Mesure} = \frac{2 \times \text{Précision} \times \text{Rappel}}{(\text{Présicion} + \text{Rappel})}$$

Les tableaux ci-dessous montrent la performance du système ARSTResume en termes de précision et de rappel.

Ces tableaux ont été dressés selon un type de résumé fixé par le système lors du choix des relations rhétoriques utilisées pour la génération du résumé. En effet, ces valeurs correspondent à un résumé indicatif qui tient en considération seulement ces relations rhétoriques :

Liste des relations rhétoriques	
	Condition / شرط
	Concession / استدراك
	Restriction / استثناء
	Confirmation / توكيد
	Evidence / قاعدة
	Négation / نفي
	Classement / ترتيب
	Affirmation / جزم
	Définition / تعريف
	Restriction / حصر

Tableau 4.1: Liste des relations rhétoriques retenues pour le type de résumé indicatif.

Ainsi, nous allons évaluer notre système avec des articles de presse de différentes tailles, de différents domaines et de différents auteurs pour garantir une bonne expérimentation.

Notons que la colonne (N) présente le nombre de phrases pertinentes trouvées par l'expert humain, (T) le nombre de phrases générées par ARSTResume relative au type de résumé indicatif, (Q) le nombre de phrases pertinentes correctement générées par le système, (P) le nombre de phrases non pertinentes fournies par le système, ainsi que (R) le nombre de phrases pertinentes trouvées par l'expert humain et non fournies par le système et enfin les mesures de rappel et de précision.

2.1.1.Calcul des mesures de rappel et de précision avec le premier expert

Dans cette partie nous présentons notre première expérimentation, qui consiste à évaluer notre système ARSTResume avec le premier expert en utilisant les métriques d'évaluation déjà présentées (voir § 2.1). Cette évaluation aboutit aux résultats suivants, illustrés dans le tableau 4.2.

Premier expert	(N)	(T)	(Q)	(P)	(R)	Rappel	Précision	F-Mesure
501.html	12	23	7	16	5	0.58	0.30	0.40
503.html	6	6	3	3	3	0.50	0.50	0.50
504.html	6	5	3	2	3	0.50	0.60	0.55
505.html	13	20	7	13	6	0.54	0.35	0.42
506.html	9	4	3	1	6	0.33	0.75	0.46
507.html	4	7	4	3	0	1.00	0.57	0.73
508.html	3	6	3	3	0	1.00	0.50	0.67
509.html	9	9	5	4	4	0.56	0.56	0.56
510.html	8	5	4	1	4	0.50	0.80	0.62
511.html	7	8	5	3	2	0.71	0.63	0.67
513.html	9	11	5	6	4	0.56	0.45	0.50
514.html	8	4	2	2	6	0.25	0.50	0.33
515.html	11	5	4	1	7	0.36	0.80	0.50
516.html	7	5	3	2	4	0.43	0.60	0.50
517.html	5	4	3	1	2	0.60	0.75	0.67
520.html	20	15	6	9	14	0.30	0.40	0.34
522.html	12	7	4	3	8	0.33	0.57	0.42
524.html	13	8	5	3	8	0.38	0.63	0.48
525.html	10	7	5	2	5	0.50	0.71	0.59
527.html	10	12	6	6	4	0.60	0.50	0.55
528.html	17	14	6	8	11	0.35	0.43	0.39
529.html	8	7	4	3	4	0.50	0.57	0.53
530.html	14	12	6	6	8	0.43	0.50	0.46
532.html	14	9	6	3	8	0.43	0.67	0.52
533.html	7	13	6	7	1	0.86	0.46	0.60
535.html	8	5	3	2	5	0.38	0.60	0.46
536.html	8	7	4	3	4	0.50	0.57	0.53
537.html	6	5	3	2	3	0.50	0.60	0.55
538.html	5	6	2	4	3	0.40	0.33	0.36
540.html	12	6	4	2	8	0.33	0.67	0.44
541.html	9	5	3	2	6	0.33	0.60	0.43
544.html	7	4	3	1	4	0.43	0.75	0.55
545.html	9	3	3	0	6	0.33	1.00	0.50
546.html	5	4	3	1	2	0.60	0.75	0.67
547.html	7	7	4	3	3	0.57	0.57	0.57
548.html	5	6	3	3	2	0.60	0.50	0.55
549.html	4	7	3	4	1	0.75	0.43	0.55
550.html	2	3	2	1	0	1.00	0.67	0.80
555.html	14	20	7	13	7	0.50	0.35	0.41

558.html	19	12	7	5	12	0.37	0.58	0.45
La moyenne	9	8	3	4	5	0.52	0.58	0.52

Tableau 4.2 : Performances du système en termes de Rappel et Précision par rapport au premier expert

Rappelant que la comparaison des résultats générer avec le premier expert, a donnée comme moyenne de rappel, de précision et de F-Mesure respectivement les taux suivants : 52%, 58% et 52%.

2.1.2. Calcul des mesures de rappel et de précision avec le deuxième expert

Dans cette expérimentation, nous évaluons notre système ARSTResume avec le deuxième expert. Cette évaluation aboutit aux résultats motionnées dans le tableau suivant :

Deuxième	(N)	(T)	(Q)	(P)	(R)	Rappel	Précision	F-Mesure
501.html	26	23	8	15	18	0.31	0.35	0.33
503.html	6	6	3	3	3	0.50	0.50	0.50
504.html	5	5	3	2	2	0.60	0.60	0.60
505.html	14	20	7	13	7	0.50	0.35	0.41
506.html	8	4	3	1	5	0.38	0.75	0.50
507.html	5	7	4	3	1	0.80	0.57	0.67
508.html	10	6	4	2	6	0.40	0.67	0.50
509.html	9	9	6	3	3	0.67	0.67	0.67
510.html	9	5	4	1	5	0.44	0.80	0.57
511.html	15	8	5	3	10	0.33	0.63	0.43
513.html	16	11	6	5	10	0.38	0.55	0.44
514.html	12	4	4	0	8	0.33	1.00	0.50
515.html	15	5	5	0	10	0.33	1.00	0.50
516.html	9	5	5	0	4	0.56	1.00	0.71
517.html	8	4	4	0	4	0.50	1.00	0.67
520.html	28	15	7	8	21	0.25	0.47	0.33
522.html	17	7	4	3	13	0.24	0.57	0.33
524.html	12	8	5	3	7	0.42	0.63	0.50
525.html	10	7	4	3	6	0.40	0.57	0.47
527.html	12	12	5	7	7	0.42	0.42	0.42
528.html	19	14	6	8	13	0.32	0.43	0.36
529.html	7	7	4	3	3	0.57	0.57	0.57
530.html	19	12	6	6	13	0.32	0.50	0.39
532.html	11	9	4	5	7	0.36	0.44	0.40
533.html	19	13	6	7	13	0.32	0.46	0.38
535.html	6	5	4	1	2	0.67	0.80	0.73
536.html	11	7	4	3	7	0.36	0.57	0.44
537.html	14	5	3	2	11	0.21	0.60	0.32
538.html	5	6	4	2	1	0.80	0.67	0.73
540.html	13	6	3	3	10	0.23	0.50	0.32
541.html	20	5	4	1	16	0.20	0.80	0.32
544.html	11	4	3	1	8	0.27	0.75	0.40
545.html	10	3	2	1	8	0.20	0.67	0.31

546.html	9	4	3	1	6	0.33	0.75	0.46
547.html	11	7	3	4	8	0.27	0.43	0.33
548.html	8	6	3	3	5	0.38	0.50	0.43
549.html	10	7	4	3	6	0.40	0.57	0.47
550.html	8	3	2	1	6	0.25	0.67	0.36
555.html	24	20	7	13	17	0.29	0.35	0.32
558.html	24	12	6	6	18	0.25	0.50	0.33
La moyenne	12	8	5	4	8	0.39	0.62	0.46

Tableau 4.3 : Performances du système en termes de Rappel et Précision par rapport au deuxième expert

En comparant avec ce deuxième expert, nous avons obtenu comme moyenne de rappel, précision et F-Mesure respectivement les taux suivants : 39%, 62% et 46%.

2.1.3. Calcul des mesures de rappel et de précision avec le troisième expert

La même expérimentation se répète avec un troisième expert. Les résultats obtenus sont présentés dans le tableau 4.4.

Troisième expert	(N)	(T)	(Q)	(P)	(R)	Rappel	Précision	F-Mesure
501.html	17	23	10	13	7	0.59	0.43	0.50
503.html	3	6	3	3	0	1.00	0.50	0.67
504.html	7	5	3	2	4	0.43	0.60	0.50
505.html	20	20	6	14	14	0.30	0.30	0.30
506.html	9	4	4	0	5	0.44	1.00	0.62
507.html	5	7	4	3	1	0.80	0.57	0.67
508.html	3	6	3	3	0	1.00	0.50	0.67
509.html	9	9	4	5	5	0.44	0.44	0.44
510.html	9	5	3	2	6	0.33	0.60	0.43
511.html	7	8	4	4	3	0.57	0.50	0.53
513.html	7	11	5	6	2	0.71	0.45	0.56
514.html	12	4	2	2	10	0.17	0.50	0.25
515.html	14	5	4	1	10	0.29	0.80	0.42
516.html	8	5	3	2	5	0.38	0.60	0.46
517.html	8	4	3	1	5	0.38	0.75	0.50
520.html	23	15	6	9	17	0.26	0.40	0.32
522.html	11	7	4	3	7	0.36	0.57	0.44
524.html	13	8	5	3	8	0.38	0.63	0.48
525.html	13	7	4	3	9	0.31	0.57	0.40
527.html	13	12	8	4	5	0.62	0.67	0.64
528.html	21	14	6	8	15	0.29	0.43	0.34
529.html	7	7	4	3	3	0.57	0.57	0.57
530.html	20	12	7	5	13	0.35	0.58	0.44
532.html	10	9	6	3	4	0.60	0.67	0.63
533.html	15	13	6	7	9	0.40	0.46	0.43
535.html	7	5	4	1	3	0.57	0.80	0.67
536.html	13	7	5	2	8	0.38	0.71	0.50
537.html	13	5	4	1	9	0.31	0.80	0.44
538.html	4	6	4	2	0	1.00	0.67	0.80

540.html	9	6	3	3	6	0.33	0.50	0.40
541.html	5	5	3	2	2	0.60	0.60	0.60
544.html	8	4	3	1	5	0.38	0.75	0.50
545.html	5	3	2	1	3	0.40	0.67	0.50
546.html	5	4	3	1	2	0.60	0.75	0.67
547.html	5	7	3	4	2	0.60	0.43	0.50
548.html	6	6	2	4	4	0.33	0.33	0.33
549.html	7	7	5	2	2	0.71	0.71	0.71
550.html	3	3	3	0	0	1.00	1.00	1.00
555.html	9	20	6	14	3	0.67	0.30	0.41
558.html	14	12	4	8	10	0.29	0.33	0.31
La moyenne	10	8	4	4	6	0.50	0.59	0.51

Tableau 4.4 : Performances du système en termes de Rappel et Précision par rapport au troisième expert

Suite à l'évaluation du système ARSTResume avec le troisième expert, nous avons dégagé les valeurs de rappel, précision et F-mesure suivants : 50%, 59% et 51%.

2.2. Discussion des résultats obtenus

Suite à l'évaluation du système ARSTResume, nous avons obtenu comme valeurs moyennes de rappel, de précision et de F-Mesure entre les trois experts respectivement : 47%, 59% et 50%. Comme nous remarquons les mesures en termes de rappel et de précision se diffèrent d'un expert à un autre. Cela se justifie par le fait que le résumé avec lequel nous faisons la comparaison dépend parfaitement du jugement vis-à-vis du type et du domaine d'intérêt de l'expert. Ainsi, moins l'expert a de connaissances sur le domaine traité dans le texte et moins son exigence vis-à-vis de la lisibilité du résumé est forte.

En examinant les mesures de rappel et de précision calculées sur le corpus d'évaluation, nous avons remarqué que plus le texte est long, plus le résumé généré présente les mesures de rappel et de précision les plus élevées. Nous aurons, ainsi, le minimum d'erreurs lorsqu'il s'agit de plusieurs phrases dans le texte. En effet, cette déduction se justifie par le fait que plus le texte est long, plus il contient de marqueurs linguistiques et de relations rhétoriques. Par conséquent, le système fait le maximum de couverture pour générer un extrait semblable à celui réalisé par l'expert humain.

2.3. Quelques erreurs au niveau de l'extrait généré

Dans ce qui suit, nous présentons quelques erreurs générées par le système ARSTResume et nous essayons d'étudier les causes de ces anomalies.

2.3.1. Erreurs dues à l'absence de relations rhétoriques

Le résumé à évaluer est un ensemble de phrases sélectionnées par le système selon les relations rhétoriques choisies par l'utilisateur et qui relient les unités minimales entre elles. Toutefois, l'absence de relations rhétoriques entre deux unités minimales adjacentes signifie que ces deux unités ne sont pas candidates pour l'extrait final. Donc, si l'expert humain a choisi une parmi ces phrases, les valeurs de mesures de rappel et de précision vont être diminuées. En effet, une phrase jugée pertinente par les trois experts, ne sera pas générée par le système si elle n'admet pas de relation rhétorique.

2.3.2. Erreurs dues à la présence des mots ambigües

Notre corpus a été collecté à partir d'internet. Pour cela, nous trouvons plusieurs mots qui sont non voyelles. Ainsi, nous somme face à des mots ambigües qui peuvent engendrer des erreurs lors de la détermination des relations rhétoriques et par la suite lors de la génération du résumé (Keskes et al., 2010a).

Par exemple, le mot arabe « ان » est un mot ambigüe, il peut être lire comme étant « أن » ou « إن ». Dans le cas où nous avons « ان » et l'auteur veut dire « أن », le système va détecter la relation rhétorique « توكيد » et étant donné que cette relation est importante pour la génération du résumé, alors la phrase qu'elle contient ce mot va être choisie pour le résumé finale.

2.3.3. Erreurs dues au manque d'information morphologique

Certains marqueurs déclencheurs de relations rhétoriques nécessitent une étude plus approfondie. Ainsi, nous trouvons qu'il existe des marqueurs pouvant déclencher deux relations rhétoriques différentes à la fois. Et même en présence d'indices de validation nous ne pouvons pas choisir la bonne relation. La solution donnée comme perspective à ce travail est de faire une étude morphologique afin de déterminer les temps des verbes qui suivent les marqueurs (Keskes et al., 2010a).

Par exemple, le marqueur « قد » peut déclencher deux relations rhétoriques à la fois « توكيد » et « ترجيح ».

«Si/ قد »+ «Verbe au passé/ فعل ماضي » →Confirmation/ توكيد
«Si/ قد »+ «Verbe au future/ فعل مضارع » →Pondération/ ترجيح

D'où la nécessité d'une étude morphologique afin que le marqueur déclenche la bonne relation rhétorique.

2.3.4. Erreurs dues aux phrases redondantes

Les phrases qui présentent la même idée utilisent en général les mêmes termes linguistiques. Si l'une de ces phrases est sélectionnée par le système, alors il y a une forte probabilité que l'autre phrase sera aussi sélectionnée. Par conséquent, le système peut choisir deux phrases qui ont la même idée.

3. Conclusion

Dans ce chapitre, nous avons présenté l'évaluation du système ARTSResume sur un corpus d'évaluation formé de cinquante articles de presse.

Ces articles sont résumés par trois experts. Nous avons comparé les résumés du système ARSTResume avec les résumés des trois experts. Les résultats obtenus sont encourageants. En effet, les mesures de rappel, de précision et de F-Mesure obtenus sont respectivement 47%, 59% et 50% pour les trois experts.

Nous avons aussi présenté dans ce chapitre quelques erreurs au niveau de l'extrait généré et discuté les causes de ces erreurs. Nous avons conclu que le système ARSTResume peut améliorer ses performances en ajoutant d'autres règles rhétoriques qui tiennent en considération un étiquetage morphologique.

Conclusion générale

L'étude que nous avons présentée s'inscrit dans le cadre des travaux de recherches effectuées sur les résumés automatiques de documents arabes. Dans ce contexte, nous avons proposé une méthode de résumé automatique qui se base essentiellement sur le repérage de *marqueurs linguistiques* (unités linguistiques) porteurs de valeurs sémantiques et indépendants d'un domaine particulier. Ces marqueurs sont utilisés pour détecter les relations rhétoriques qui ont déjà fait leurs preuves pour d'autres langues, comme l'anglais et le français. Les marqueurs et les relations rhétoriques sont organisés dans des frames rhétoriques. Ces derniers sont utilisés pour la détermination des unités minimales et ses natures.

Grâce à une analyse linguistique réalisée sur un corpus formé de cinq cent articles journalistiques en arabe (rapatriés à partir du Web), nous avons pu repérer des unités linguistiques de surface qui sont des *marqueurs linguistiques* indépendants d'un domaine particulier et porteurs de valeurs sémantiques communes aux articles de presse (sujet, événement, lieu, etc.), des relations rhétoriques et des règles rhétoriques.

Le principe de notre proposition s'appuie sur trois piliers. Le premier pilier est le repérage des relations rhétoriques entre les différentes unités minimales du texte dont l'une possède le statut de noyau – segment de texte primordial pour la cohérence – et l'autre a le statut de noyau ou satellite – segment optionnel. Le deuxième pilier est le dressage et la simplification de l'arbre RST. Le troisième pilier est la sélection des phrases noyaux, formant le résumé final, qui tiennent en compte le type de relation rhétorique choisi pour l'extrait.

La méthode proposée a été inspirée de la Théorie de la Structure Rhétorique (RST) qui est une approche purement linguistique et appliquée dans plusieurs domaines. Ainsi, nous avons réalisé une analyse linguistique sur un autre corpus de cinquante articles. Cette analyse nous a permis de générer des extraits, réalisés en sélectionnant les phrases contenant les unités textuelles importantes. L'analyse linguistique a été effectuée par trois experts et utilisée pour enrichir la base des règles rhétoriques du système ARSTResume. Ce système, implémentant la méthode proposée, a été évalué en utilisant des résumés réalisés par des experts humains.

L'évaluation a porté essentiellement sur le contenu des phrases. Ainsi, de point de vue contenu, nous avons constaté que ARSTResume produit des résumés dont le contenu est assez bon par rapport au résumé produit par l'expert humain avec un taux de précision de 47%, un taux de rappel de 59% et un taux de F-mesure de 50%.

Le système ARSTResume s'avère plus performant pour des textes longs. Ces résultats peuvent être justifiés par le fait que plus le texte est long, plus il contient des marqueurs linguistiques.

Bien que nous croyons que les objectifs visés dans ce travail soient atteints, nous estimons néanmoins qu'il serait intéressant de trouver sa continuité dans les perspectives suivantes, afin d'améliorer les résultats obtenus :

- Appliquer la méthode proposée à des types de textes variés autres que les articles de presse.

- Etudier l'effet d'autres règles rhétoriques qui tiennent en consécration l'étiquetage morphosyntaxique des mots formant les unités minimales

- Proposer des heuristiques pour résoudre le problème de phrases ne contenant pas de relations rhétoriques.

Bibliographie

A

(Alrahabi et al., 2004) M. Alrahabi, G. Mourad et B. Djioua, Filtrage sémantique de textes en arabe en vue d'un prototype de résumé automatique, Le traitement automatique de l'arabe, JEP-TALN 2004, Fès, 19-22 avril 2004.

(Alrahabi et al., 2006) M. Alrahabi, B. Djioua et J-P. Desclés, Annotation sémantique des énonciations en arabe, XXXIVème Congrès en INFormatique des ORganisation et Systèmes d'Informations et de Décision - *INFORSID, 31 Mai au 3 Juin 2006,* Hammamet - Tunisie.

(Al-Saif et al., 2009) A. Al-Saif, K. Markert et H. Abdul-Raof, Corpus-Based Study: Extensive Collection of Discourse Connectives For Arabic, In Proceedings of The Saudi International Conference (SIC09), Surrey, UK, 2009.

(Amblard, 2007) M. Amblard, Calculs de représentations sémantique et syntaxe générative : les grammaires, 2007.

(Amblard, 2008) M. Amblard, Discourse Representation Theory et graphes sémantiques : formalisation sémantique en contexte industriel, TALN 2008.

(Amsili et Roussarie, 2004) P. Amsili & L. Roussarie, Vers une lambda-drt étendue, In P. BLACHE, Ed., Fès, Maroc: ATALA LPL, Actes de TALN 2004.

(Asher, 1993) N. Asher, Reference to Abstract Objects in Discourse, Kluwer Academic Publishers, Netherlands, 1993.

B

(Baloul et al., 2002) S. Baloul, M. Alissali, M. Baudry et P. Boula de Mareüil, Interface syntaxe-prosodie dans un système de synthèse de la parole à partir du texte en arabe, 24es Journées d'Étude sur la Parole, Nancy, 24-27 juin 2002.

(Berri, 1996) J. berri, Mise en œuvre de la méthode d'exploration contextuelle pour le résumé automatique de textes. Implémentation du système SERAPHIN, Actes du colloque de CLIM'96, Montréal, pp.128-135, 1996.

(Blais, 2009) A. Blais, Résumé automatique de textes scientifiques et construction de fiches de synthèse catégorisées : Approche linguistique par annotations sémantiques et réalisation informatique, Thèse de doctorat, 2009.

(Blais et Desclés, 2008) A. Blais et J-P. Desclés, L'annotation discursive de textes et son application au résumé automatique, Revue Discour(s) 2008, Paris. (publication en cours).

(Boudin, 2009) F. Boudin, Exploration d'approches statistiques pour le résumé automatique de texte, Thèse de doctorat, 2009.

(Booch et al., 1999) G. Booch, J. Rumbaugh et I. Jacobson, Unified Modeling Language reference manual Addison-Wesley, 1999.

(Busquets et al., 2001) J. Busquets, L. Vieu et N. Asher, La SDRT : une approche de la cohérence du discours dans la tradition de la sémantique dynamique. Verbum, XXIII(1), pp73–101, 2001.

(Busquets, 1999) J. Busquets, The Polarity Parameter for Ellipsis Coherence, Grammars, pp107-125, 1999.

C

(Canvat, 2005) J. Canvat, Résumé automatique de textes juridiques, Proposition de projet doctoral, Université de Montréal. Genres et pragmatique de la lecture Grasset, Paris, Septembre 2005.

(Christophe, 2001) L. Christophe, Une typologie des énumérations basée sur les structures rhétoriques et architecturales du texte. TALN – Tours, France, 2001.

(Cole, 1995) R. Cole, Survey of the state of the art in human langage technology, Chapter 13. Cambridge *University Press, 1995.*

(Corblin et al., 2001) F. Corblin, et L. Tovena, On the multiple expression of negation in Romance, In Romance Languages and Linguistic Theory 1999: ed. by Yves D'Hulst, Johan Rooryck and Jan Schroten, Amsterdam : John Benjamins 2001, pp. 87-115, 2001.

(Corblin, 2001) F. Corblin, Où situer "certains" dans une typologie des groupes nominaux?, in G. Kleiber, B. Laca, L. Tasmowski, eds, Typologie des groupes nominaux, Presses Universitaires de Rennes, pp.99-117, 2001.

D

(Desclés, 1991) J-P. Desclés, Architectures, représentations cognitives et langage naturel, les sciences cognitives en débat, Editions du CNRS. p. 371-400, 1991.

(Desclés, 1997) J-P. Desclés, Textual Processing and Contextual Exploration Method In CONTEXT 97. University de Federal do Rio de Janeiro, Brazil : pp189-197, 1997.

(Desclés, et al., 1991) J-P. Desclés, C. Jouis et D. Reppert, Exploration Contextuelle et sémantique: un système expert qui trouve les valeurs sémantiques des temps de l'indicatif dans un texte, In D. Herin-Aime, R. Dieng, J-P. Regourd, J.P. Angoujard, eds., Knowledge modeling and expertise transfer, pp.371-400, Amsterdam, 1991.

(Douzidia, 2004) F. S. Douzidia, Résumé automatique de texte arabe, Mémoire présenté à la Faculté des études supérieures en vue de l'obtention du grade de M.Sc en informatique, septembre 2004.

(DUC, 2005) DUC, Document Understanding Conference 2003. NAACL, Text Summarization Workshop, Join 2005.

(Dukes et Habas, 2010) K. Dukes et N. Habas. 2010. Morphological annotation of quranic arabic. In International Conference on Language Resources and Evaluation LREC, 2010.

E

(Edmunson, 1969) H. P. Edmunson, New methods in automatic abstracting. Journal of the ACM 16(2): pp264-285, 1969.

(Ellouze, 1998) M. Ellouze, Utilisation de schémas de résumés en vue d'améliorer la qualité des extraits et des résumés automatiques, RIFRA'98, Rencontre Internationale sur l'Extraction, le Filtrage et le Résumé Automatiques, p. 108-115, 1998, Sfax, Tunisie.

(Endres, 1995) B. Endres, How to implement a naturalistic model of abstracting: four core working steps of an expert abstractor, Information Processing & Management, 31(5), p. 631-674, 1995.

(Estratat et al., 2004) M. Estratat, L. Henocque, Application des programmes de contraintes orientés objet à l'analyse du langage naturel. Proceedings de traitement automatique des langues naturelles. TALN 2004, Fes – Marocco, 2004.

G

(Gamut, 1991) N. Gamut, Language and Meaning, Vol. 2, Intensional Logic and Logical Grammar, Chicago, The University of Chicago Press, 1991.

(Grosz et Sinder, 1986) B.J. Grosz et C.L. Sinder, Attention, Intentions, and the Structure of Discourse, Computational Linguistics, 12(3), pp175-204, 1986.

H

(Hahn et al., 2000) U. Hahn et H. Schauer, Phrases as carriers of coherence relations, In L. R. Gleitman and A. K. Joshi, eds, Proceedings of the 22nd Annual Conference of the Cognitive Science Society, pages 429-434. Philadelphia, PA, USA, August 13-15, 2000. Mahwah, NJ & London: Lawrence Erlbaum, 2000.

(Hobbs, 1979) J. R. Hobbs, On the Coherence and Structure of Discourse. Report No. 85–37. Stanford (California): Center for the Study of Language and Information, Stanford University, 1979.

J

(Jaoua et al., 2006) F. K. Jaoua, M. Jaoua, M. Ellouze, M. H. Maaloul et L. H. Belguith, Vers le Résumé Automatique de Documents Arabes, *INFORSID 2006.*

(Jing et al., 1998) H. Jing, R.Barzilay et K. Mckeown, Summarization Evaluation Methods: Experiments and Analysis in Symposium on Intelligent Text Summarization ACL, Stanford, CA, 1998.

K

(Kamp et Reyel, 1993) H. Kamp et U. Reyel, From Discourse To Logic, Dordrecht Kluwer, 1993.

(Kamp, 1981) H. Kamp, Evénements, représentations discursives et référence temporelle, *Langages*, 64, pp34-64, 1981.

(Keskes et al., 2010a) I. Keskes, M. H. Maâloul et L. H. Belguith, التلخيص الآلي للنصوص العربية اعتمادا على نظرية البنية البلاغية, International Computing Conference in Arabic, 6ème édition, 20-21 mai 2010, Hammamet – Tunisie, prix du "Best Paper", 2010.

(Keskes et al., 2010b) I. Keskes, M. H. Maâloul, L. H. Belguith et P. Blache, Automatic summarization of Arabic texts based on RST technique, International Conference on Enterprise Information Systems, 12ème edition, 8-12 juin 2010, Madeira – Portugal.

(Keskes et al., 2010c) I. Keskes et M. H. Maâloul, Résumé automatique de documents arabes basé sur la technique RST, Conférence international de Rencontre des Étudiants Chercheurs en Informatique pour le Traitement Automatique des Langues (TALN /RECITAL 2010), 12ème edition, Montréal – Canada, 19-22 juillet 2010.

(Khemakhem, 2004) M. E. Khemakhem, Des schémas rhétoriques pour le contrôle de la cohérence et génération de résumés automatiques d'articles scientifiques, thèse doctoral, Université de Manouba, Ecole Nationale des sciences de l'Informatique, Juin 2004.

(Kintsch et Van Dijk, 1983) Kintsch et Van Dijk, Strategies of discourse comprehension. New York: Academic Press, 1983.

L

(Laignelet, 2009) M. Laignelet, Analyse discursive pour le repérage automatique des segments obsolescents dans des documents encyclopédiques, Thèse de doctorat, 2009.

(Laignelet et Rioult, 2009) M. Laignelet et F. Rioult, Repérer automatiquement les segments obsolescents à l'aide d'indices sémantiques et discursifs. In Actes de TALN 2009, prix du "Best Paper".

(Lascarides et Asher, 1993) A. Lascarides et N. Asher, Temporal Interpretation, Discourse Relations, and Commonsense Entailment, Linguistics and Philosophy, 16(5), 1993.

(Lascarides et Asher, 2009) A. Lascarides et N. Asher, Agreement, Disputes and Commitments in Dialogue, Journal of Semantics, 26(2), pp109-158, 2009.

(Lehmam, 1995) A. Lehmam, Le résumé de textes techniques et scientifiques, aspects linguistiqueset computationnels, Thèse de doctorat, Université de Nancy 2, 1995.

(Luhn, 1958) U. Luhn, The Automatic Creation of Literature Abstracts, *IBM* Journal April 1958.

M

(Maâloul et al., 2006) M. H. Maâloul, L. H. Belguith et M. E. khemakhem, Proposition d'une méthode de résumé automatique de documents arabes, Sixièmes Journées Scientifiques des Jeunes Chercheurs en Génie Electrique et Informatique, *2006.*

(Maâloul, 2007) M. H. Maâloul, Al Lakas El'eli / الآلي الخاص : Un système de résumé automatique de documents arabes, IBIMA, Juin 2007.

(Mani et al., 1998) I. Mani, E. Bloedorn et B. Gates, Using Cohesion and Coherence Models for Text Summarization, in Working Notes of the AAAI'98 Spring Symposium on Intelligent Text Summarization, pp. 69–76. Stanford, CA, 1998.

(Mann et Thompson, 1988) W. C. Mann et S. A. Thompson. Rhetorical structure theory: Toward a functional theory of text organization, Text, 8(3):243 – 281, 1988.

(Mann et Thompson, 2001) W. C. Mann et S. A. Thompson, Deux perspectives sur la RST, Verbum, 23(*1),* 1-30.Meyer, B. J. F. (1975). The organization of prose and its effects on memory, North-Holland: Amsterdam, 2001.

(Marcu, 1997) D. Marcu, The Rhetorical Parsing Summarization, and Generation of Natural Language Texts, Thèse de Doctorat, Department of Computer Science, University of Toronto, 1997.

(Marcu, 1998) D. Marcu, To build text summaries of high quality, nuclearity is not sufficient, The Working Notes of the AAAI-98 Spring Symposium on Intelligent Text Summarization, AAAI, Stanford, CA, pp. 1–8, 1998.

(Marcu, 1999) D. Marcu, Discourse trees are good indicator of importance in text, Advances in Automatic Text Summarization, pp123 – 136, 1999.

(Marcu, 2000) D. Marcu, From discourse structures to text summaries in Workshop Intelligent Scalable Text Summarization ACL, p. 82-88, Madrid, Espagne, 2000.

(Masson, 1998) N. Masson, Méthodes pour une génération variable de résumé automatique : Vers un système de réduction de textes, Thèse de Doctorat, Université Paris-11, 1998.

(Mathkour et al., 2008) H. I. Mathkour, A. Touir et W. A. Al-Sanea, Parsing Arabic Texts Using Rhetorical Structure Theory, Journal of Computer Science 4 (9): 713-720, 2008.

(Miike, 1994) E. S. Miike, E. Itoh, K. Ono et K. Sumita, A full-text retrieval system with a dynamicabstract generation function, Proceedings Sigir'94, p. 152-161, Springer-Verlag, Dublin, 1994.

(Minel et al, 2000) J. L. Minel, J. P. Descles, E. Cartier, G. Ccrispino, S. Benhazzez et A. Jackiewicz, Résumé automatique par filtrage sémantique d'informations dans des textes. Présentation de la plate-forme FilText, revue TSI, 2000.

(Minel, 2002) J. L. Minel, Filtrage sémantique : du résumé automatique à la fouille de textes, Paris : Hermès Science Publications, 2002.

(Moeschler, 1998) J. Moeschler, Le temps des évènements, Paris, Kimé, 1998.

(Montague, 1973) R. Montague, The proper treatment of quanti_cation in ordinary english. In K.J.J. Hintikka, J.M.E. Moravcsik, et P. Suppes, editors, Approaches to Natural Language. Dordrecht, The Netherlands, 1973.

(Moore et Pollack, 1992) D.J Moore et M.E. Pollack, A problem for RST: The need for multi-level discourse analysis, Computational Linguistics, 18(4):pp 537.544, 1992.

(Mourad, 1999) G. Mourad, La segmentation de textes par l'étude de la ponctuation; Acte de colloqueinternational, CIDE'99, Document Electronique Dynamique, pp 155-171, Damas, Syrie, 1999.

N

(Nouira, 2004) C. Nouira, Filtrage d'information pour la construction de résumés multi documents guidée par un profil utilisateur Le système REDUIT, Thèse de doctorat, Université de Marne-La-Vallée, 06 décembre 2004.

O

(O'Donnell, 1997) M. O'Donnell, RST-Toul: An RST analysis tool. In Proceeding of the 6th European Workshop on Natural Language Generation, Pages 92-96, Gerhard-Mercator University, Duisburg, Germany, 24-26 Mars 1997.

P

(Paice, 1981) C. D. Paice, The automatic generation of literature abstracts: an approach based on the identification of self indicating phrases, *Information retrieval research*, p. 172-191, 1981.

(Polanyi, 1988) L. Polanyi, A Formal Model of the Structure of Discourse, Journal of Pragmatics, 12, pp 601-638, 1988.

S

(Saggion et Lapalme, 1998) H. Saggion et G. Lapalme, Where does information come from Corpus Analysisfor Automatic Abstracting, RIFRA'98, Rencontre Internationale sur l'Extraction, le Filtrage et le Résumé Automatiques, p. 72-83, 1998.

(Saggion, 2000) H. Saggion, Génération automatique de résumés par analyse sélective, Thèse de Ph.D en Informatique, Université de Montréal, août 2000.

(Salton, 1983) G.M. Salton, Introduction to Modern Information Retrieval, Mac Graw Hill BookCo, New York, 1983.

(Sanders et Spooren, 2001) T. Sanders et W. Spooren, Text representation as an interface between language and its users, Text representation: linguistic and psycholinguistic aspects, Amsterdam, John Benjamins Publishing, 2001.

(Sitbon et al., 2007) L. Sitbon, P. Bellot, P. Blache, Phonetic based sentence level rewriting of questions typed by dyslexic spellers, in proceedings of Interspeech 2007.

(Sparck, 1993) J. K. Sparck, What might be in a summary? , Information Retrieval 93, p. 9-26, Universitates Verlag Konstanz, 1993.

(Sparck, 2004) J. K. Sparck, What's new about the Semantic Web. Some questions. Invited Talk SIGIR-2004.

T

(Teufel, 1997) S. Teufel, Sentence extraction as a classification task, Workshop Intelligent Scalable Text Summarization, EACL, p. 58-65, 1997 Madrid, Espagne, 1997.

(Teufel, 1998) S. Teufel, Sentence extraction and rhetorical classification for flexible abstracts. In : Spring AAAI, Symposium on Intelligent text summarisation, *1998*.

W

(Waleed et al., 2005a) A. A. Waleed, H. I. Mathkour et A. Touir, Towards a suitable representation of Arabic text summarization, The Seventh International Conference on Information Integration and Web-based Applications & Services *IIWAS 2005*.

(Waleed et al., 2005b) A. A. Waleed, H. I. Mathkour et A. Touir, Towards a Rhetorical Parsing of Arabic Text, The International Conference on Intelligent Agents, Web Technology and Internet Commerce *IAWTIC 2005*.

(Webber, 1988) B.L. Webber, Discourse Deixis and Discourse Processing Technical Report n° MS-CIS-88-77, Dept. of Computer Science University of Pennsylvania Mousson, Paris, 1988.

Annexes

Annexe A :

Nous présentons dans cette annexe la liste des relations rhétoriques utilisées pour la langue française et la langue anglaise. Nous avons validé l'appartenance de quelques relations rhétoriques, parmi cette liste, à la langue arabe avec des experts humains.

Les relations rhétoriques

Français	Anglais
Analogie.	Analogy.
Antithèse.	Antithesis.
Contraste.	Contrast.
Attribution.	Attribution.
Fond.	Background.
Cause.	Cause.
Causer-Résultat.	Cause-Result.
Circonstance.	Circumstance.
Comparaison.	Comparison.
Comparaison.	Comparison.
Commentaire.	Comment.
Commenter-Matière.	Comment-Topic.
Concession.	Concession.
Conclusion.	Conclusion.
Condition.	Condition.
Conséquence.	Consequence.
Eventualité.	Contingency.
Contraste (voir l'antithèse).	Contrast (see antithesis).
Définition.	Definition.
Disjonction.	Disjunction.
Elaboration-additionnel.	Elaboration-additional.
Elaboration-placer-membre.	Elaboration-set-member.

Elaboration-partie-entier.	Elaboration-part-whole.
Elaboration-processus-étape.	Elaboration-process-step.
Elaboration-objet-attribuer.	Elaboration-object-attribute.
Elaboration-général-spécifique.	Elaboration-general-specific.
Enablement.	Enablement.
Évaluation.	Evaluation.
Evidence.	Evidence.
Exemple.	Example.
Explication-raisonné.	Explanation-argumentative.
Hypothétique.	Hypothetical.
Interprétation.	Interpretation.
Inverser-Ordre.	Inverted-Sequence.
Liste.	List.
Façon.	Manner.
Moyens.	Means.
Autrement.	Otherwise.
Préférence.	Preference.
Problème-Solution.	Problem-Solution.
Proportion.	Proportion.
But.	Purpose.
Question-réponse.	Question-Answer.
Raison.	Reason.
Réaffirmation.	Restatement.
Résultat.	Result .
Causer-Résultat.	Cause-Result.
Rhétorique-question.	Rhetorical-question.
Même-Unité.	Same-Unit.
Ordre.	Sequence.
Rapport-Réponse.	Statement-Response.
Résumé.	Rummary.
Temporel-avant.	Temporal-before.
Temporel-Même-Temps.	Temporal-Same-Time.
Temporel-après.	Temporal-after.
TextualOrganization.	TextualOrganization.
Matière-Commenter.	Topic-Comment.
Matière-Dérive.	Topic-Drift.
Matière-Décaler.	Topic-Shift.

Annexe B :

Nous présentons dans cette annexe les règles rhétoriques dégagées après l'analyse linguistique du corpus. Ces règles rhétoriques sont validées par des experts humains. Ainsi, le système ARSTResume a utilisé ces règles rhétoriques pour la détermination des unités minimales, leurs natures et les relations rhétoriques qui existent entre elles, et par la suite il les utilisé pour la construction de l'arbre RST.

Les règles rhétoriques

N°	Relation rhétorique	Marqueur de la relation	Position	Partie Avant Marqueur		Partie Après Marqueur		Exemples
				Contrainte	Type de segment	Contrainte	Type de segment	
1	استدراك	لكن	Début	بعض	N	_	N	بعض هذا السلاح تمت حمايته من الصدأ ومن عوامل الزمن، وبعضه الأخر تظهر عليه تصدعات وندوب تدفع الى التساؤل عن مدى صلاحيته. لكن في أيدي الفئية أسلحة جديدة أيضاً يقولون انهم اشتروها أخيراً...
2	شرط	ولو	Milieu	_	N	_	S	ولكن يبدو انه وضع لهذا العام هدفاً خاصاً، فعلى رغم كل ما يحصل في لبنان، ينوي أن يعاود وضع «قدم» ما فيه، ولم يحدد بعد شكل هذه العودة الجزئية، هل ستكون من خلال شراء منزل أو استثمار ما، ولكن عليه ان يبدأ من مكان ما: «أنا أرتاح في دبي اكثر من لبنان ولكن علي العودة في النهاية ولو في شكل جزئي».

3	استدراك	وإن	Début	لا سيما	N	–	N	وما ينعش الصيف الأردني هذا العام أيضاً، ويجعل الأردن مقصداً سياحياً بامتياز، علاوة على الانتعاش الاقتصادي، جملة المشاريع السياحية العملاقة في كل من العقبة وعمّان، والظروف السياسية والأمنية غير المستقرة في العديد من الوجهات السياحية التقليدية في المنطقة لا سيما سورية ولبنان. وإن كانت حدة التوتر خفت بعض الشيء في لبنان لكن عدم الاتفاق النهائي بين الفرقاء المتنازعين وتأخر التشكيلة الحكومية جعل المصطافين الذين يحملون جوازات أردنية يحذفون لبنان من قائمة خياراتهم ما أنعش الموسم الأردني، وربما المصري أيضاً.
4	قاعدة	فإن	Milieu	–	S	إلا	N	وبالنسبة الى الفلسطينيين، فإن الإجراءات البالغة التعقيد لدخولهم إلى دمشق أو بيروت، وقرارهما القاضي بعدم استقبال الفلسطينيين إلا بتنسيق يبدو استثنائياً في الكثير من الحالات، يعزز مكانة الأردن كمقصد سياحي صيفي.
5	استدراك	بل	Début	–	N	–	S	هكذا عاش هذا المبدع الكسول وكأنه طيف لا يملك شيئاً، بل كإنسان نكرة لا يعرف ما معنى البيت ولا حتى «فاتورة الكهرباء» كما يعبّر.
6	تعريف	فهي	Début	لئن	N	–	S	لئن كان ممكناً استخلاص «فلسفة» لألبير قصيري من صميم أعماله، فهي حتماً «فلسفة الكسل».
7	تفصيل	فهذا	Début	–	N	–	S	لئن كان ممكناً استخلاص «فلسفة» لألبير قصيري من صميم أعماله، فهي حتماً «فلسفة الكسل». فهذا الكاتب الذي سمّي «أشهر كاتب كسول في العالم» والذي ورث «البطالة» عن جدّه وأبيه الثريين اللذين لم يعملا، ارتقى بـ «الكسل» من مفهومه المزاجي أو السلوكي الى مرتبة الموقف الوجودي أو العبثي.
8	استدراك	ولكن/لكنه/أم/الكنهم/لكنني لكنا/ لكن /	Début	وقد/ قد/ فقد/_	S	–	N	وقد يشبه الكسل لديه حال الانسحاب من العالم والانزواء والنسك، ولكن في قلب العالم نفسه.
9	إستثناء	إلا	Milieu	لم	N	–	N	لكنني لم أتمكن إلا مرّة واحدة قبل عامين.

10	توكيد	لا سيما	Début	بل/	S	_	N	لكن ألبير قصيري لم يكن نزيل غرفته في ذلك الفندق فقط، بل كان أحد وجوه الشارع والجادة وبعض مقاهيها الشهيرة، لا سيما مقهى «فلور» الذي كان يقضي فيه ساعات وحيداً أو مع أشخاص عابرين.
11	تقليل	وربما/ربما/ فربما	Début	_	N	_	S	لم يكتب قصيري فعلاً إلا عمن سماهم طه حسين «المعذبين في الأرض»، أولئك الفقراء والمتسولين والمشردين في الأحياء المصرية، في القاهرة والاسكندرية ودمياط. وربما سبق قصيري الكاتب نجيب محفوظ في ولوج العالم «السفلي» والبائس الذي يمثل الوجه الآخر للقاهرة وسائر المدن.
12	ترتيب	ثم	Milieu	وتلتها/	N	وتلتها/	S	وكانت أولى رواياته «عبث الأقدار» (1939) وتلتها «رادوبيس» (1943) ثم «كفاح طيبة» (1944).
13	إستثناء	سوى/إلا	Milieu	لم	N	_	N	ولعلّ المقارنة بين روايات محفوظ اللاحقة وروايات قصيري قد تكشف العلاقة بين هذين الكاتبين اللذين لم يجمعهما سوى العالم «السفليّ» الحافل بالغرائب والطرائف والمآسي، وبالشخصيات المهمّشة والبائسة، الطيبة والشريرة.
14	توكيد	رغم / على رغم	Milieu	_	N	_	N	ظلّ ألبير قصيري يصرّ على استيحاء البيئة والواقع المصريين على رغم هجرته وطنه الأم منذ العام 1945 واختياره اللغة الفرنسية أداة تعبير وبطاقة انتماء الى عالم الأدب.
15	استدراك	إلا أن/ إلا أنه/إلا أنها	Début	_	S	_	N	وإصراره على جذوره المصرية دفعه الى رفض الهوية الفرنسية مؤثراً أن يظل روائياً مصرياً فرنكوفونياً لا فرنسياً. إلا أن أصالته كمواطن مصري مهاجر وليس مقتلعاً كما يخال البعض، جعلته «غريباً» أو هامشياً في فرنسا تماماً مثلما جعله اختياره اللغة الفرنسية «غريباً» و«هامشياً» في وطنه.
16	ترجيح	لعل/ولعل/ول علّه/ولعلها/و لعلهم	Début	_	S	_	N	ولعل كاتباً في حجم ألبير قصيري كان قادراً أن يستفيد كثيراً من «لغته» الفرنسية وأن يخوض عبر ها موضوعات «عالمية» وقضايا عصرية على غرار بعض الكتاب الفرنكوفونيين.

17	نفي	لم/ولم / لن / ليس / ليسوا / ليست	Début	ولكن	N	–	S	فراح يستوحي «الحياة» المصرية في فجاجتها وواقعيتها ولكن عبر أسلوب طريف ولغة فاتنة. ولم تفقده لغته هذه، المتينة والمسبوكة، عفوية التعبير التي تجلت عبر اعتماده على بعض المصطلحات الشعبية المصرية والتعابير العامية والحوارات الحية واليومية.
18	استدراك	أما	Début	_	S	–	N	أما ما يميّز أدب قصيري عموماً فهو ابتعاده من النزعة «الإكزوتيكية» المفتعلة التي سعى وراءها بعض الكتّاب المغاربة واللبنانيين بغية ابهار القارئ الفرنسي.
19	إمكان	أو	Milieu	_	N	–	S	فالكاتب المصري الذي لم يكتب إلا عن البيئة المصرية لم يقصد نقلها الى القراء الفرنسيين مفضوحة أو مضخمة أو مستلبة مقدار ما فيها وانتمى اليها وتبنى قضايا الناس الذين كان يشعر في قرارته أنه واحد منهم.
20	توكيد	إلا /ليس إلا	Milieu	ليس /	S	–	N	ومن يرجع الى روايات قصيري وقصصه يشعر فعلاً أنه ليس إلا واحداً من هؤلاء «المواطنين» الذين اختلقهم على صورته كي يكون بدوره على صورتهم، هؤلاء الذين نسيهم العالم والقدر.
21	نفي	من غير أن / دون	Milieu	_	N	–	N	وهنا لا يسع قارئ ألبير قصيري إلا أن يتذكر جوهر في رواية «شحاذون ومتعجرفون» الذي ارتكب جريمة من أجل أساور العاهرة أرنية من غير أن يدري أنها مزيّفة، وكذلك يكن الذي تطارده الشرطة والكردي المهمش وسواهم.
22	إضافة	كذلك /وكذلك/ كما / إضافة	Début	و...و	N	–	N	وكذلك عبدالعال في رواية «منزل الموت المؤكد»، بائع الشمام الذي لا يعمل طوال السنة إلا خلال موسم الشمام وأحمد صفا المحتال والزبال ومرقص القرود
23	توكيد	لقد/ إن / إنها/ فإن / أنه	Début	لقد	N	–	N	«ما الذي يمكنني أن أكتبه بعد هذه الرواية؟ لقد شتمت فيها الجميع».
24	استدراك	غير أن/ غير أنه	Début	_	S	–	N	فهذا الديوان ينذّ حتماً عن الخطوات الأولى التي خطاها قصيري في عالم الكتابة الذي كان لا يزال مبهماً في نظره. غير أنّ هذا الكاتب الذي كان مقالاً استطاع أن يكون كاتباً كبيراً بحياته الفريدة وعالمه الروائي الفريد.

الرقم	الوظيفة	الأداة						المثال
25	تمثيل	مثل / فمثلا/مثلا	Début	–	N	و...و	S	يتفنن رجل الأعمال اللبناني إدمون أفاكيان في تصميم المجوهرات، ويترأس شركته التي تضم فروعاً شهيرة في أكبر المدن العالمية مثل باريس ولندن وجنيف وبيفرلي هيلز (لوس انجليس).
26	تفسير	لذلك	Milieu	–	N	بينما /أما	S	بعد اشتداد الاقتتال، ترك بيروت طامعاً بالنجاح المهني والعائلي لإيمانه أن الترابط الأسري يولد النجاح، لذلك كانت زوجته دائماً إلى جانبه بينما يتولى إبنه الإهتمام بقسم العلاقات العامة خصوصاً مع كبار الفنانين.
27	إستنتاج	ف	Milieu	–	N	–	S	هناك مارس أفاكيان هوايته واكتسب الخبرة التي سمحت له بتحويلها مع مرور الوقت إلى مهنة حقيقية، فافتتح محله الأول قبل أن ينتقل إلى أحد أحياء المدينة السويسرية الراقية.
28	شرط	من دون / دون	Milieu	لا	N	–	N	والتي لا يسمح للأطفال وذويهم بارتيادها من دون تصاريح خاصة من سلطات الاحتلال الإسرائيلي.
29	توكيد	فإن / إن	Début	وإذ	S	–	N	وإذا كانت مجريات الأمور في حال من التطور الدائم، أو فلنقل «التغيير المستمر»، فإن شؤون الإجازات الصيفية ومنظومة العطلات الشبابية ليست استثناء.
30	توكيد	فقد	Début	–	S	–	N	فقد ظهرت في أوساط الأسر المصرية خلال السنوات القليلة الماضية ظاهرة «الترفيه الديني الصيفي»، وهي الظاهرة الآخذة في الانتشار على كل المستويات الاجتماعية.
31	تفسير	أي	Milieu	–	N	و...و	S	ما يمكن ان يخلص إليه زائر المناطق التي شهدت في الأيام الأخيرة قتالاً في شمال لبنان، أي مناطق باب التبانة وبعل محسن والقبة شرق مدينة طرابلس،
32	توكيد	وإنما	Milieu	–	S	–	N	وتخلل ذلك عمليات سرقة واسعة شهدتها المنازل على خطوط التماس لم يقم بها الأطراف المتقاتلون وإنما سارقون محترفون استفادوا من توتر هذه المناطق ومن خلو الأحياء من سكانها.
33	حصر	فقط	Fin	–	N	–	N	أما من داخل تلك الأحياء التي شهدت معارك في الأيام الفائتة فلا اثر لتلك القسمة. إنها معارك بين باب التبانة السنية وبعل محسن العلوية، فقط.
34	تفسير	لأن	Milieu	–	N	–	S	ولا يتكلمون مع الصحافة لأن ثمة مسؤولين إعلاميين في الحزب هذه وظيفتهم.

35	**جزم**	ويجزم	Début	_	S	_	N	ويجزم الجميع في تلك الأحياء ان «المستقبل» لم يكن جزءاً من الاشتباكات في الأيام الأخيرة.
36	**توكيد**	انهم / ان /انه /انها / إنما/انهم	Début	_	S	_	N	ربما امتاز هؤلاء عن غيرهم بقدر من التنظيم والتسلح فاق تنظيم وتسلح «رفاقهم في الخندق الواحد». انهم جزء تقليدي من مشهد التبانة ولكنهم ليسوا «المشهد كله»، ولا يبدو ان ثمة ما يؤشر الى صعود كبير لظاهرتهم في المنطقة.

الخُلاصة:

هذه المذكرة بعنوان « التلخيص الآلي للنصوص العربية اعتمادا على نظرية البنية البلاغية » ونهتم بالتلخيص الآلي للنصوص العربية ونستهل النظر في هذا الموضوع بتقديم دراسة تحليلية أجريت على مجموعة من مدونات العمل التي سمحت لنا، انطلاقا من ملاحظات تجريبية، أن نستنتج مجموعة من العلاقات والقواعد (الأنماط) البلاغية. نقترح إثر ذلك طريقتنا في تلخيص النصوص العربية المعتمدة في النظام "ARSTResume" مع بسط مختلف مراحله و تحليل نتائجه. وتعتمد الطريقة التي نقترحها نظرية البنية البلاغية "RST" وتستخدم معارف لغوية خالصة. ينبني اقتراحنا على ثلاث ركائز: تتمثل الركيزة الأولى في تحديد العلاقات البلاغية بين مختلف الوحدات الصغرى للنص بحيث تتمتع الواحدة بمنزلة النواة ـ جزء من النص أساسي من أجل التناسق ـ وتكون الأخرى في منزلة النواة أو الفرع ـ جزء اختياري. أما الركيزة الثانية فهي بناء الشجرة "RST" التي تحدد البنية الهيكلية والهرمية للنص. وتتمثل الركيزة الثالثة في اختيار الأجزاء النواة التي تشكل التلخيص النهائي، وهو اختيار يأخذ بعين الاعتبار نوع التلخيص الذي اختاره المستخدم.

Résumé:

Dans le présent mémoire intitulé « **Résumé automatique de textes arabes en utilisant une approche symbolique** », nous nous intéressons au résumé automatique de textes arabes. Nous commençons par présenter une étude analytique réalisée sur un corpus de travail qui nous a permis de déduire, suite à des observations empiriques, un ensemble de relations et de frames (règles ou patrons) rhétoriques; ensuite nous présentons notre méthode de production de résumés pour les textes arabes. La méthode que nous proposons se base sur la Théorie de la Structure Rhétorique (RST) et utilise des connaissances purement linguistiques. Le principe de notre proposition s'appuie sur trois piliers. Le premier pilier est le repérage des relations rhétoriques entres les différentes unités minimales du texte dont l'une possède le statut de noyau – segment de texte primordial pour la cohérence – et l'autre a le statut noyau ou satellite – segment optionnel. Le deuxième pilier est le dressage et la simplification de l'arbre RST. Le troisième pilier est la sélection des phrases noyaux formant le résumé final, qui tiennent en compte le type de relation rhétoriques choisi pour l'extrait.

الكلمات المفاتيح : نظرية البنية البلاغية، العلاقات البلاغية، المؤشرات البلاغية، التلخيص الآلي للنصوص العربية.

Mots-clés : Théorie de la Structure Rhétorique, Relations rhétoriques, Marqueurs linguistiques, Résumé automatique de textes arabes.